SingLiesel

Druck: FINIDR, s.r.o.
Printed in Czech Republic
Satz: Röser MEDIA GmbH & Co. KG, Karlsruhe
ISBN 978-3-948106-05-8

2. Auflage

www.singliesel.de

Grafiken: Shutterstock.com

KRIMI-GESCHICHTEN

KURZE GESCHICHTEN VOLLER RÄTSEL ZUM VORLESEN UND MITRATEN

INHALT

EIN SKANDAL JAGT DEN NÄCHSTEN

VORWORT

Tatort und Polizeiruf 110, Miss Marple und Hercule Poirot – mit Kriminalfilmen und Detektivgeschichten verbringen wir spannende Stunden und begeben uns dabei in Gedanken oft selbst auf Mörderjagd. Wer kann der Täter, was das Motiv sein, fragen wir uns dabei insgeheim.

Warum also nicht gemeinsam raten und rätseln? Im vorliegenden Buch habe ich Krimigeschichten zusammengestellt, die entweder in einer geselligen Seniorenrunde oder in einem ruhigen Beisammensein zu zweit vorgelesen werden können. Die Geschichten sind deshalb bewusst kurz gehalten. Dadurch können die Zuhörerinnen und Zuhörer aufmerksam bleiben.

Am besten, Sie lesen die Geschichten schon vorab samt Lösungen für sich. So können Sie beim Vorlesen die Stellen, die Hinweise auf den Täter oder die Täterin, den Tathergang oder das Motiv geben, langsamer lesen und besonders betonen – oder vielleicht auch wiederholen.

Bleiben Sie dabei geduldig und geben Sie den Seniorinnen und Senioren Zeit zum Rätseln. Nach und nach können Sie Hinweise zum Täter bzw. der Täterin oder dem Tathergang geben und so versuchen, ein Gespräch in Gang zu setzen. Wenn Sie merken, dass die Seniorinnen und Senioren unruhig werden oder die

Aufmerksamkeit nachlässt, können Sie die Lösung natürlich vorlesen. Der Sinn sollte die Freude am gemeinsamen Raten sein – egal, ob das Rätsel gelöst wird oder nicht.

Viel Spaß wünscht Ihnen

Birgit Ebbert

GELEGENHEIT MACHT DIEBE

EIN ÜBERFALL IM KOCHBUCHMUSEUM, GEFÄLSCHTE KONZERTKARTEN UND WEITERE GESCHICHTEN RUND UM LUG UND TRUG

VORFREUDE IST NICHT IMMER DIE SCHÖNSTE FREUDE

Zum vierzigsten Hochzeitstag wollten Kathinka Zitz und ihr Mann Franz sich etwas ganz Besonderes leisten: Sie planten eine Reise nach Köln zu dem einzigen Deutschland-Konzert von Roberto Blanco in diesem Jahr. Vor Jahrzehnten hatten sie sich bei einem Roberto-Blanco-Konzert in Hamburg kennengelernt, und da man in der Schlager-Szene munkelte, dass dies sein Abschiedskonzert sein sollte, wollten sie sich das Ereignis nicht entgehen lassen.

Die Karten hatte ihnen der Enkel eines Bekannten beschafft. „Sven-Ole besorgt euch alles", hatte Skatbruder Ludwig betont und recht behalten. Es hatte keine Woche gedauert, bis der junge Mann die Karten brachte. Wenn er dafür auch den stattlichen Preis von 150 Euro pro Karte haben wollte – das war Kathinka und Franz der Ausflug wert.

Seit Wochen hingen die Karten nun mit Magneten befestigt am Kühlschrank und seit Wochen freuten sich Kathinka und Franz täglich darüber.

Aber Franz war im Herzen ein Pessimist. „Ich kann nicht glauben, dass wir solch ein Glück haben", murmelte er an einem Morgen, an dem er ohnehin mit dem linken Fuß aufgestanden war. Die Zahnpastatube war aufgeplatzt, er hatte sich beim Rasieren geschnitten und sein Lieblingshemd war noch in der Wäsche.

In dieser Stimmung starrte er die Karten am Kühlschrank minutenlang an. „Da stimmt etwas nicht“, behauptete er und kniff die Augen zusammen, um besser sehen zu können. Denn seine Brille hatte er auch nicht gefunden.

„Nun sei nicht ein solcher Miesepeter“, entgegnete Kathinka. „Freu dich doch.“

Franz schob den Magneten beiseite und nahm eine Karte in die Hand. „R-O-B-E-R-T B-L-A-N-C-O“, buchstabierte er den Namen. „Ich weiß nicht, da stimmt etwas nicht mit dem Vornamen.“

Kathinka blieb mit der Kaffeekanne in der Hand stehen. „Zeig mal!“ Sie betrachtete die Karte, dann ging sie mit energischen Schritten zum Telefon im Flur.

Franz hörte, wie sie den Hörer abnahm und kurz darauf schimpfte wie ein Rohrspatz. Er starrte abwechselnd auf die Konzertkarten und seine schimpfende Frau im Flur. Was hatte sie denn?

WAS WAR KATHINKA AUFGEFALLEN, ALS FRANZ DEN NAMEN BUCHSTABIERTE?

LÖSUNG

Der Name von Roberto Blanco auf der Karte war falsch geschrieben; dort stand Robert und nicht Roberto. Die Karte musste eine Fälschung sein, denn das wäre bei einer echten Karte sicher nicht der Fall gewesen. Franz und Kathinka meldeten die Fälschung der Polizei, die über Ludwigs Enkel einen Ring von Kartenfälschern ausheben konnte. Als Dankeschön bekamen Kathinka und Franz Karten für ein Zusatzkonzert, das wegen der großen Nachfrage angeboten wurde.

DIE SAMMELBÖRSE

Margarete und Arthur Elsässer hatten wieder einmal einen Stand bei einer Sammelbörse aufgebaut. Margarete verkaufte dort ihre Fußballbilder und Arthur bot seine Autogrammkarten an. Beide konnten sich nur schweren Herzens von ihren Schätzen trennen, aber sie planten eine Kreuzfahrt und konnten das Geld gut gebrauchen. Während Margarete durch die Halle stromerte, bewachte Arthur ihren Stand mit Argusaugen.

„Guck mal, ein Autogramm von Peter Kraus", sagte der ältere der beiden Jungen, die vor dem Stand stehengeblieben waren. „Ich habe letztens bei meiner Oma einen alten Film mit dem angucken müssen. Das wäre ein tolles Geschenk für sie!"

„Die Autogrammkarte von Peter Kraus mit Rahmen kostet 130 Euro", mischte Arthur sich in das Gespräch ein.

Die Jungen zuckten zusammen. „Das kann ich mir nicht leisten", murmelte der Ältere enttäuscht.

„Dann geht mal weiter", entgegnete Arthur. Denn Leute, die nur guckten, hielten womöglich echte Käufer fern.

Die Kinder waren gerade verschwunden, da stoppte eine Frau um die dreißig vor dem Stand. Sie schien ein

Fan der 1950er-Jahre zu sein, da sie ein gepunktetes Kleid mit einem weiten Petticoat trug und ihr Haar zu einem kessen Pferdeschwanz gebunden hatte.

„Bitte gehen Sie etwas zurück, Sie werfen mit Ihrem Rock meine Karten durcheinander." Arthur sah die Frau mit grimmigem Blick an. „Und stellen Sie den Rahmen bitte wieder hin." Die Frau sollte nur nicht denken, dass sie sich wegen ihres Pünktchen-Kleides alles erlauben konnte.

„Ist ja schon gut. Peter Kraus interessiert mich nicht. Das ist doch bloß eine offizielle Autogrammkarte von 1958, mehr nicht. Die gibt es im Internet in Massen zu kaufen", winkte die Frau ab. Mit einer letzten demonstrativen Drehung um die eigene Achse, die Petticoat und Pferdeschwanz fliegen ließ, ging sie weiter.

Arthur wartete, dass Margarete ihn endlich für kurze Zeit ablöste. Der Verkauf bisher war richtig mau, da bekam er nur schlechte Laune. „Da bist du ja, ich muss dringend mal etwas essen", nörgelte er, als Margarete endlich eintraf. Ehe sie antworten konnte, war er bereits unterwegs zum Würstchenstand.

Margarete suchte ihren Hocker. „Typisch", brummte sie leise. „Was er nicht gebrauchen kann, versteckt er in der hintersten Ecke." Sie kroch unter den Tisch, weil sie erst Kisten wegräumen musste, um den Hocker hervorzuholen.

Als sie den Klappsitz aufbaute, tauchte Arthur bereits wieder auf. „Oh, du hast das Autogramm von Peter Kraus verkauft“, lobte er seine Frau.

„Ich habe nichts verkauft, du hattest den Hocker so …“ Weiter kam Margarete nicht, weil Arthur brüllte: „Jemand hat ein Autogramm gestohlen!“

Arthur sah sich auf dem Gelände um. Er beruhigte sich erst, als er die gesuchte Person hinter einem anderen Stand entdeckte. Mit großen Schritten marschierte er an den Stand und stellte die Person zur Rede.

WEN HAT ARTHUR ELSÄSSER ZUR REDE GESTELLT?

LÖSUNG

Arthur hat die Frau mit dem gepunkteten Petticoat-Kleid entdeckt, die sich angeblich nicht für Peter Kraus interessierte und dennoch genau wusste, aus welchem Jahr die Autogrammkarte stammte. Als sie bemerkte, dass Margarete unter dem Tisch beschäftigt war, ging sie schnell zum Stand, um die Autogrammkarte, die in ihrem Rahmen griffbereit dastand, zu stehlen.

DIEBSTAHL IN DER KIRCHE

Karoline Bauer kniete in der Kirchenbank, die Handtasche hatte sie an den Haken vor sich gehängt und den Gehstock vor die Kniebank gelegt. Sie wollte gerade die Hände falten, als im Gang neben ihr ein sehr korpulenter Junge beim Vorbeilaufen über ihren Gehstock stolperte, strauchelte, sich aber noch an der Bank abfangen konnte.

Rasch schob Karoline Bauer ihren Gehstock weiter in die Bankreihe und sah dem Jungen nach. „Mit Jogginghose in die Kirche, das hat es in meiner Jugend nicht gegeben“, murmelte sie vor sich hin. Sie hatte eher mit einer Rockerkluft mit metallenen Schnallen und Nieten gerechnet, weil es bei dem Beinahe-Sturz so klimperte.

Die Orgel ertönte, das Zeichen, dass der Gottesdienst begann. Statt der Stimme des Pfarrers war jedoch nur die schrille Stimme einer Frau zu hören. „Wie kann man so etwas machen? Ich hätte mich fast geschnitten!“ Alle drehten sich nach der schimpfenden Frau um. Der Pfarrer schickte eine Ministrantin, um ihr zu helfen.

„Die Sammelbüchse für die Kerzen ist aufgebrochen“, sagte die Ministrantin laut und zeigte auf einen schwarzen Kasten unter den Opferkerzen.

Die etwa zwanzig Gottesdienst-Besucher in den Bänken sahen sich an. „Ich war das nicht!“ und „Sie waren doch zuletzt bei den Kerzen!“, riefen sie durcheinander.

Nur mit Mühe konnte der Pfarrer alle einigermaßen beruhigen. „Ich fürchte, wir können keinen Gottesdienst abhalten, solange Sie so aufgeregt sind“, erklärte er.

„Wenn ich das richtig verstehe, haben Sie vor fünf Minuten eine Kerze angezündet und Geld eingeworfen.“ Er sprach einen alten Mann mit weißem Haarkranz an. „Danach war niemand in der Nähe der Spendendose. Vermisst jemand seinen Sitznachbarn?“

Karoline Bauer schaute die anderen Besucher an. Alle schüttelten ihren Kopf. Sie meldete sich zu Wort, da in ihr ein Verdacht aufkeimte.

WORAUF HAT KAROLINE BAUER DEN PFARRER HINGEWIESEN?

Lösung

Karoline Bauer bemerkte, dass niemand den Jugendlichen vermisste. Er war also vermutlich nicht wegen des Gottesdienstes in der Kirche, sondern um das Geld zu stehlen. Dazu passte auch, dass es klimperte, als er beinahe neben ihr stürzte. Das mussten die Münzen aus der Sammelbüchse gewesen sein, die in den weiten Taschen seiner Jogginghosen aneinanderstießen. Als sie dem Pfarrer den Jungen beschrieb, hatte er einen Verdacht, wer der Täter sein könnte. Der Verdacht bestätigte sich, nachdem der Pfarrer die Familie des Jungen besucht hatte.

HANDWERKER IM HAUS

Jemand läutete an Friederike Neubers Wohnungstür Sturm. Sie schlüpfte hastig in ihre Pantoffeln und rief: „Ich komme ja schon!“ Außer Atem erreichte sie die Tür und schob sie einen Spalt weit auf.

Ein Mann in einem blauen Overall stand im Hausflur und sagte: „Guten Tag, Ihre Hausverwaltung schickt uns. Wir sollen Feuermelder montieren.“

Friederike öffnete die Tür ganz und meinte: „Davon weiß ich nichts.“ Der Mann hob mit beiden Händen eine Pappschachtel mit runden Feuermeldern in die Höhe.

Friederike erinnerte sich nicht daran, dass die Hausverwaltung eine solche Aktion angekündigt hatte. Aber in der Zeitung hatte sie gelesen, dass überall Feuermelder angebracht werden mussten. Sie zögerte kurz, ließ den Mann dann aber ein.

Der Mann folgte ihr durch den Flur und balancierte die Pappschachtel vorsichtig, als befände sich darin eine Torte.

„Am besten, ich fange im Schlafzimmer an, da ist ein Feuermelder besonders wichtig“, erklärte er.

Friederike war das nicht recht, aber sie wollte das Ganze schnell hinter sich bringen.

„Haben Sie eine Leiter oder einen Klapptritt?“, fragte der Mann.

„Das passt ja, die Leiter steht sowieso im Schlafzimmer in der Ecke.“ Friederike öffnete die Tür und zeigte auf die Leiter neben dem Vorhang.

Der Mann stellte seine Pappschachtel auf die Frisierkommode und holte die Leiter aus der Ecke. „Ach, jetzt habe ich doch meinen Schraubenzieher vergessen.“ Er tastete seine Taschen ab.

Friederike zog die Tür ihres Kleiderschranks auf und holte einen Werkzeugkasten hervor.

Der Mann setzte sich auf eine Sprosse der Leiter. „Mir ist plötzlich ganz schwindelig. Könnte ich wohl ein Glas Wasser haben?“

Friederike runzelte die Stirn. „Einen Moment“, sagte sie dann. Zum Glück drehte der Mann ihr den Rücken zu. Leise zog sie den Schlüssel aus dem Schloss und sperrte von außen die Tür ab. Im Flur ging sie zum Telefon und rief die Polizei an, die wenig später den Mann verhaftete.

WAS HATTE FRIEDERIKE NEUBER STUTZIG GEMACHT?

LÖSUNG

Friederike hatte sich bereits gewundert, dass der angebliche Handwerker ohne Ankündigung der Hausverwaltung auftauchte. Seltsam fand sie auch, dass er weder Werkzeugkasten noch Leiter bei sich hatte, und schließlich kam es ihr so vor, als wollte er sie aus dem Zimmer locken. Der Mann entpuppte sich tatsächlich als Trickbetrüger, der in Friederikes Schlafzimmer Bargeld und Schmuck suchen wollte.

DAS FALSCHE BILD

Gottfried Stölzel wartete ungeduldig vor der Galerie auf seine Freunde aus dem Heimatverein. Ein Gast nach dem anderen betrat die Galerie, manche gingen sogar schon wieder.

„Das Bild vom alten Rathaus ist wirklich gelungen“, hörte er einen jungen Mann sagen, der unter seinem Hut nicht zu erkennen war.

„Ja, das könnte ich mir gut als Titelbild für dein neues Buch vorstellen“, stimmte sein Begleiter ihm zu.

Am liebsten hätte sich Gottfried als Urheber des Bildes zu erkennen gegeben, doch just in dem Moment trafen endlich seine Gäste ein. Reihum klopften ihm seine Bekannten zur Begrüßung auf die Schulter und betraten polternd die Galerie.

„Na, wo hängt deine Pinselei?“, rief sein Freund Johann viel zu laut. Gottfried verzog peinlich berührt das Gesicht. Er konnte nichts erwidern, weil sich eine Frau an ihnen vorbei nach draußen drängte. Er hielt ihr die Tür auf, damit sie mit ihrer riesigen Aktenmappe bequem und schnell herauskonnte.

„Autsch!“, entfuhr es ihm, als er zum Dank ihren dicken geflochtenen Zopf ins Gesicht bekam.

Ehe er seine Freunde zu seinem Bild führen konnte, sprach ihn die Galeristin an. „Es gab schon mehrere Interessenten, die Ihr Bild kaufen möchten. Ein Mann möchte es für sein Buch als Titelbild und eine Frau als Geschenk für ihren Großvater, der in dem alten Rathaus einst Bürgermeister war."

Mit gemischten Gefühlen blickte Gottfried seinen Freunden nach und hoffte, dass diese sich nicht weiter so ungehobelt benehmen würden.

Aus der Galerie klang schallendes Gelächter. „Ich wusste doch immer, dass bei uns im Rathaus Esel sitzen."

Gottfried erkannte Johanns Stimme. Er entschuldigte sich bei der Galeristin und lief zu seinen Freunden. „Wo sind Esel? Ich habe keine Esel gemalt!" Er starrte auf das Bild, das an der Stelle hing, wo er morgens sein schönes altes Rathaus aufgehängt hatte.

„Das ist nicht mein Bild", stammelte er und winkte die Galeristin heran. „Das Bild mit den Eseln im Stall habe ich noch nie gesehen", sagte sie und sah sich suchend im Raum um. „Ihr Bild hängt auch sonst nirgendwo. Wie kann das sein?"

Gottfried holte sein Notizheft hervor und zeichnete einen Kopf. „Ich glaube, das ist der Dieb!"

WEN HAT GOTTFRIED STÖLZEL GEZEICHNET?

LÖSUNG

Gottfried hat die Frau mit dem Zopf gezeichnet, die mit ihrer großen Aktenmappe aus der Galerie kam. In dieser Mappe konnte sie ein Bild in die Galerie schleusen, sein Rathaus-Bild bequem hineinlegen und aus der Galerie schmuggeln. Es stellte sich heraus, dass sie die Enkelin eines früheren Bürgermeisters war und ihrem Großvater das Bild unbedingt schenken wollte, jedoch nicht das Geld hatte, es zu kaufen.

ÜBERFALL IM KOCHBUCHMUSEUM

Philipp Graff bereute sein Versprechen, für eine Wohltätigkeitsgala aus dem Buch von Fernsehkoch Clemens Wilmenrod, dem Erfinder des Toast Hawaii, zu kochen. Er hatte letzte Woche vergebens versucht, das Buch im Internet zu ersteigern, wo eine einzigartige Ausgabe mit dem Autogramm des Kochs angeboten wurde. Aber dann waren die Gebote in eine Höhe gestiegen, da wollte er nicht mithalten. Auch die hartnäckige Mitbieterin mit dem albernen Blumennamen gab schließlich auf und den Zuschlag bekam das Kochbuchmuseum im Nachbarort.

Zum Glück bot man ihm dort an, das Buch durchzusehen und einzelne Rezepte zu fotografieren.

Auf dem Weg in den Lesesaal des Museums wäre Philipp fast gestürzt, weil ein junger Mann ihn im Foyer anrempelte.

Als er sich wieder gefasst hatte, hörte er ein leises Stöhnen. Er lauschte und folgte dem Geräusch, das aus dem Lesesaal kam. Dort fand er eine ältere Frau auf dem Boden liegend vor.

„Was ist passiert?“, fragte er bestürzt, während er den Notruf wählte. „Bleiben Sie liegen, bis der Krankenwagen kommt!“

„Jemand hat mir auf den Kopf geschlagen“, stammelte die Frau. Philipp sah einen Bildband neben ihrem Kopf liegen. Was Bücher anrichten können, dachte er. „Ich glaube, der Dieb wollte das Buch von Clemens Wilmenrod stehlen. Das mit dem Autogramm“, fuhr die Frau fort.

„Aber warum?“, fragte Philipp.

„Das Kochbuch mit Autogramm gibt es nur ein einziges Mal“, rief die Frau ihm zu, während die Rettungssanitäter sie auf die Trage legten. „Es ist einzigartig.“

Philipp stutzte kurz, dann fiel ihm etwas ein. „War das ein junger Mann?“

Die Frau schüttelte leicht den Kopf und stöhnte sofort wieder. „Eine Frau.“

Enttäuscht sah sich Philipp um. Er hob eine zerknüllte Visitenkarte auf und wollte sie in den Papierkorb werfen. „Ist die von Ihnen?“, erkundigte er sich bei der Frau, die gerade weggetragen wurde.

„Nein“, stöhnte die Frau und der Sanitäter machte Philipp ein Zeichen, endlich Ruhe zu geben.

Philipp faltete die Karte auseinander und stutzte, als er die E-Mail-Adresse sah: „Akelei88.“ Das kam ihm bekannt vor. Er rief eine Internetseite in seinem Handy auf und gab Akelei88 ein. Als endlich zwei Polizisten eintrafen, zeigte er ihnen die Seite und schilderte seinen Verdacht.

WEN HÄLT PHILIPP FÜR DIE DIEBIN?

LÖSUNG

Philipp Graff vermutete, dass seine Mitbieterin bei der Internetauktion die Diebin war, denn sie hatte den blumigen Namen Akelei88. Bei der Vernehmung stellte sich heraus, dass sie Inhaberin eines Antiquariats war, das sich auf seltene und wertvolle Bücher spezialisiert hat.

DIE VERSCHWUNDENE ZEITKAPSEL

Sophie Löwe umrundete die abgesperrte Baustelle, um das Einkaufszentrum zu betreten.

„Könnt ihr eure Schuhe nicht abwischen?!", schimpfte eine ältere Frau aus dem Innenraum.

Zwei Jugendliche mit schmutzigen Schuhen und einer langen Leiter unter den Armen hatten sie beinahe umgeworfen, das konnte Sophie von außen sehen.

Sie blickte auf den glänzenden Boden im Zentrum und schmunzelte, weil die Frau mit ihrem Einkaufstrolley selbst eine dunkle Erdspur hinter sich herzog.

Ehe sie etwas sagen konnte, hörte sie das Signal eines Polizeiwagens. Als sie sich umdrehte, hielt der Einsatzwagen mit Blaulicht direkt neben der Baustelle.

„Gucken Sie sich das an", hörte Sophie einen Mann mit Bauhelm sagen, als eine Polizistin und ihr männlicher Kollege aus dem Wagen stiegen.

Der Bauarbeiter deutete auf einen kleinen Erdhaufen in der Baustelle, der wie ein Vulkan aussah – in der Mitte ein Loch, drumherum ein Gebirge aus Sand. Seine Empörung war ihm von Weitem anzusehen. „Das habe ich selbst gestern Abend mit der Schippe platt geklopft!"

Sophie ging ein paar Schritte näher.

„Sie wollen aber nicht sagen, dass Sie uns wegen eines Maulwurfshügels gerufen haben, oder?" Sie sah, dass der Beamte rot wurde.

„Nein, nein", besänftigte der Bauarbeiter ihn schnell. „Aber da haben wir gerade erst die Zeitkapsel vergraben, als Ersatz für einen Grundstein. Und jetzt ist das Ding weg."

„So etwas stiehlt doch keiner!" Der Polizist winkte ab und ging zum Auto.

Sophie schob sich noch näher an die Baustelle heran und betrachtete den Erdhaufen. Sie konnte nicht anders. Sie musste sich einmischen, schließlich hatte sie am Tag zuvor an der Zeremonie teilgenommen. Die Kapsel hatte ausgesehen, als sei sie aus reinem Gold.

„Ich könnte mir denken, dass so eine Zeitkapsel bei Liebhabern begehrt ist. Es gibt heute für alles Sammler", sagte sie und stellte sich neben die Polizistin und den Bauarbeiter, als hätte sie dort etwas zu sagen.

Der Bauarbeiter nickte. „Was glauben Sie, wie oft wir gefragt werden, ob wir die Grundsteine beiseitelegen könnten."

Der Polizeibeamte kehrte zurück. „Und? Haben Sie auch schon eine Idee, wer diese ominöse Zeitkapsel geklaut hat?“, meinte er mit ironischem Unterton.

„Ja“, antwortete Sophie und schilderte ihren Verdacht.

WEN VERDÄCHTIGTE SOPHIE LÖWE?

LÖSUNG

Sophie verdächtigte die altere Frau, die wie die Jugendlichen Erdspuren auf dem Boden des Einkaufszentrums hinterlassen und im Gegensatz zu den jungen Leuten in dem Trolley Platz für die Zeitkapsel hatte.
Während der Vernehmung durch die Polizei kam heraus, dass die Frau die Kapsel an einen Goldhändler verkaufen und sich von dem Geld eine Kreuzfahrt gönnen wollte, von der sie schon ihr Leben lang geträumt hat.

VERRÄTERISCHE SPUREN IM WALD

Zufrieden begaben sich Ella und Julius Hirsch nach der Hubertusmesse auf einer Lichtung im Stadtwald auf den Heimweg.

„Das war wieder schön“, sagte Ella und hakte sich bei ihrem Mann unter. Sie mussten einem Koffer ausweichen, der offen und leer mitten auf dem Weg lag.

„Das ist doch der Koffer eines Jagdhorns“, stellte Julius fest. „Wie kommt der denn hierher?“

Plötzlich hörten sie ein leises Stöhnen und entdeckten eine Frau, die einige Meter entfernt am Wegesrand lag. „Können wir Ihnen helfen? Was ist passiert?“, fragte Ella und beugte sich zu der Frau herunter.

Julius hielt Ausschau nach anderen Besuchern des Gottesdienstes, die sie unterstützen konnten. Doch außer einer leeren Coladose, einem gefalteten Stofftaschentuch und einer Burger-Verpackung waren hier nur sie drei und der leere Jagdhornkoffer.

„Mist“, schimpfte er und betrachtete seine Schuhe, die schmutzig geworden waren, als er in das Laub am Rand des Weges getreten war.

„Jemand hat mich niedergeschlagen“, sagte die Frau, nachdem Ella ihr geholfen hatte aufzustehen. Sie versuchte vergeblich, das klebrige Herbstlaub von ihren Schuhen und Kleidern zu entfernen. „Ich war kurz bewusstlos und als ich aufwachte, lag da der Koffer und das Horn war weg.“

Ella erinnerte sich an die regionale Legende um ein Jagdhorn, die ein Nachbar erzählt hatte. Angeblich war es aus echtem Gold und von einem berühmten Hornbaumeister hergestellt worden. „War das Horn vielleicht aus Gold?“, fragte sie.

Die junge Frau lachte und verzog das Gesicht. „Aua!“ Sie hielt sich den Kopf. „Das ist wirklich nur eine Legende, auch wenn das leider niemand glauben will.“

Ella rief sich die Messe vor Augen, besonders zwei Männer hatten die Jagdhörner nicht aus den Augen gelassen. Ein blonder junger Mann hatte abwechselnd auf die Hörner gestarrt und sich die Nase geputzt. Sie schüttelte sich, als sie an den kleinen Berg voller Papiertaschentücher vor seinen Füßen dachte. Der andere Mann war älter, dick und in Ellas Blickfeld ständig damit beschäftigt, den Schweiß auf seiner Glatze zu trocknen. Beide waren vor dem Ende des Gottesdienstes verschwunden und könnten der Hornistin aufgelauert haben.

Plötzlich sah sie die Umgebung mit neuen Augen und hatte eine Idee, wie sie den Täter überführen konnte.

WELCHE IDEE HAT ELLA UND WEN ÜBERFÜHRT SIE DAMIT?

LÖSUNG

Ella empfahl der Polizei, sich den Mann mit der Glatze genau anzusehen. Sie hatte sich erinnert, dass er seine Glatze mit einem Stofftaschentuch trocknete, ein solches Stofftaschentuch, wie Julius es am Wegrand entdeckt hatte. Der Mann war schnell gefunden und gab nach der Inspektion seiner vom nassen Herbstlaub schmutzigen Schuhe zu, das Jagdhorn gestohlen zu haben.

DER HAUPTGEWINN

„Rüpel!“, rief Elise Henle einem Jugendlichen nach, der sie anrempelte und weiterlief. Fast wäre sie gegen die Tür eines Transporters gelaufen, der den Weg vor der Poststelle versperrte. Grummelnd sah sie, wie die Verkäuferin in der Poststelle ein Kühlkissen auf den Hinterkopf eines jungen Mannes legte, der der Fahrer des Transporters sein musste. „Er wurde überfallen, als er die Adventskalender für unsere Benefizaktion gebracht hat.“

„Alle Kalender sind weg“, stöhnte der junge Mann, den Elise auf höchstens 20 schätzte. Trotz der kühlen Temperaturen trug er keine Jacke, lediglich ein Schal in Gelb und Schwarz war um seinen Hals gewunden, den Elise als Fußball-Fan-Schal identifizierte.

„In diesem Jahr gibt es tolle Preise, eine Jahreskarte für die VIP-Tribüne im Stadion von Borussia Dortmund und ein Mountainbike“, erzählte die Verkäuferin. Elise dachte an den Jugendlichen, der sie beinahe umgerannt hätte. Hatte er etwas in der Hand gehabt?

Sie ging auf die Straße. Da war nichts zu sehen außer dem Kleintransporter und einem Fahrrad, das mit seinen gelb-schwarzen Radtaschen den Gehweg vor dem anderen Schaufenster versperrte.

„Gehört Ihnen das Fahrrad?“, fragte sie die Verkäuferin. Die sah aus dem Fenster und schüttelte den Kopf. „Merkwürdig! Das stand da vor zehn Minuten noch nicht.“

Das fand Elise allerdings auch merkwürdig. Ob es dem Rempler gehörte? Aber warum war er nicht mit dem Fahrrad weggefahren?

„Was ist genau passiert?“, fragte sie den Fahrer.

„Als ich ausstieg, schlug mir jemand auf den Kopf“, erklärte der junge Mann.

Elise betrachtete grübelnd das Kühlkissen auf dem Hinterkopf des Mannes.

„Beim Aussteigen oder beim Ausladen?“, hakte sie nach.

Der Fahrer zögerte kurz, dann sagte er: „Beim Ausladen.“

Elise verließ den Laden und untersuchte den Boden rund um den Kleintransporter und das Fahrrad. Auf dem Boden konnte sie nichts entdecken, aber die Fahrradtaschen schienen prall gefüllt zu sein. Als sie wieder hereinkam, fragte sie: „Haben Sie eigentlich schon die Polizei angerufen? Ich habe einen Verdacht, wer die Adventskalender gestohlen haben könnte.“

WER ZOG ELISES VERDACHT AUF SICH?

LÖSUNG:

Der Fahrer weckte Elises Verdacht. Wäre er beim Ausladen niedergeschlagen worden, hätten Adventskalender herumliegen müssen. Sie entdeckte in den Radtaschen des Fahrrads die gestohlenen Adventskalender. Der Täter wollte als Borussia-Dortmund-Fan unbedingt die VIP-Jahreskarte gewinnen. Er hatte in dem Transporter sein Fahrrad mitgenommen, es mit den Adventskalendern vor den Laden gestellt und den Überfall vorgetäuscht.

GEWALT UND LÜGEN NICHT LANGE TRÜGEN

EIN ÜBERFALL AM MORGEN, MESSER IM THEATER UND NOCH MEHR VERBRECHEN AUS LEIDENSCHAFT

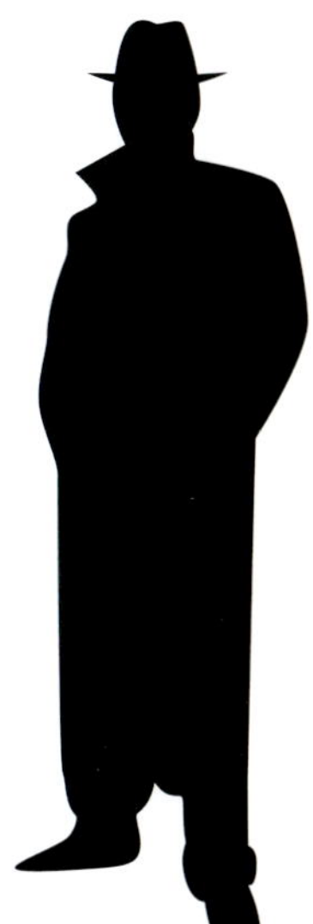

MESSERSCHARFE BEOBACHTUNG

Als Ruth Maier den Umweltmarkt erreichte, bemerkte sie als Erstes den Aufruhr, der am Stand der Schillerschule herrschte, und dann den Fleck auf ihrem hellen Mantel. Bestimmt hatte den dieser rücksichtslose Lulatsch verursacht, der sie gerade angerempelt und ihr fast den Ellbogen ins Gesicht gestoßen hatte.

Sie schob den Ärger beiseite und fragte die jungen Leute an dem Stand: „Was ist denn passiert?“

„Jemand, der als Clown verkleidet war, hat unseren Schulleiter Herrn Vigeland mit einem Messer verletzt“, antwortete ein Junge. Ruths Blick fiel auf einen Mann, der am Rande des Standes von Sanitätern verarztet wurde.

„Vielleicht war das der Umwelt-Clown“, meinte ein Mädchen und sah sich um. „Wo ist eigentlich Fabian? Der wollte doch auch als Clown auftreten, bei uns am Stand. Wo plötzlich alle so auf Clowns stehen.“ Sie verdrehte die Augen.

Der Junge, den Ruth als Erstes angesprochen hatte, ließ sich auf einen Hocker fallen. Er schüttelte immer wieder den Kopf. „Der Clown hat einfach zugestochen und ist mit dem Messer sofort weggelaufen.“

Ruth dachte an den Fleck auf ihrem Mantel, das konnte Blut sein. Sie dachte an den Lulatsch. War der nicht wie ein Clown gekleidet gewesen?

„Was ist denn hier los?“ Mit dieser Frage trat ein Junge zu der Gruppe hinzu.

„Da bist du ja, Fabian“, begrüßten ihn die anderen und versuchten ihm zu erklären, was geschehen war, indem sie alle gleichzeitig redeten.

Ruth Maier betrachtete den Jugendlichen. Er war höchstens so groß wie sie selbst. Außerdem stellte sich heraus, dass er heute doch nicht als Clown auftreten würde.

„Das ist ja schön, dass unser Stand so gut besucht ist!“ Ein älterer, ziemlich großer Mann platzierte sich so dicht neben Ruth, dass sie zu ihm aufblicken musste.

„Stellen Sie sich vor, jemand hat Herrn Vigeland verletzt!“, riefen einige Schüler dem Mann zu, der sich Ruth als Deutschlehrer vorstellte und ziemlich nachlässig gekleidet war. Das halbe Hemd hing ihm aus der Hose und auch seine Harre standen wild durcheinander.

„Oh nein!“ Der Lehrer wandte sich an den Schulleiter. „Hoffentlich hat das Messer Sie nur gestreift!“

Während der verletzte Rektor von den Sanitätern weggebracht wurde, dachte Ruth Maier über die Situation nach. Als die Polizeibeamten eintrafen, konnte sie ihnen bereits einen Verdacht präsentieren.

WEN VERDÄCHTIGTE RUTH MAIER?

LÖSUNG

Ruth Maier verdächtigte den Deutschlehrer, der neu hinzukam und dennoch direkt wusste, dass es sich um eine Messerattacke handelte. Es stellte sich heraus, dass der Lehrer sich als Clown verkleidet hatte, um den Schulleiter außer Gefecht zu setzen, damit er ihn bei einem wichtigen Treffen mit dem Ministerpräsidenten vertreten konnte.

Zwischen den Büchern

Esther Berger ärgerte sich, dass sie nicht noch einmal auf die Eintrittskarte für das Hauskonzert geschaut hatte. Nun war sie eine Stunde zu früh im Antiquariat erschienen und die Musiker stimmten noch ihre Instrumente.

Die Inhaberin hatte ihr angeboten, im Verkaufsraum zu warten, während sie selbst im Hinterzimmer alles für das Konzert vorbereitete. Also nutzte Esther die Gelegenheit, um durch die Regalreihen mit den Büchern zu streifen, bis ihr ein Buch ins Auge stach. Dabei konnte sie sich auch von dem Schreck von vorhin erholen. Auf dem Weg in die Stadt war sie Zeugin geworden, wie ein Mann eine dunkelblonde Frau auf offener Straße beschimpfte und sie lauthals beschuldigte, sie hätte wertvolle Bücher mitgehen lassen. Erst als Esther um Hilfe rief und ein Passant einschritt, verschwand der Mann.

Esther Berger half der Frau auf und diese erzählte ihr, dass ihr Mann ein bekannter Kunsthändler sei, der sich auf seltene Bücher spezialisiert habe. Angeblich hatte sie ihn vor ein paar Tagen wegen seines Jähzorns verlassen und war aus der gemeinsamen Wohnung ausgezogen.

Beim Flanieren durch die Regalreihen rief Esther sich das Bild des Opfers wieder vor Augen. Als sie in die letzte Reihe einbog, stockte sie und staunte nicht schlecht. Das konnte doch nicht sein. Dort saß ebenjene dunkelblonde Frau mit blutüberströmter Jacke auf dem Boden an einen Stapel Bücher gelehnt. Um sie herum verstreut lagen lauter alte Bücher und aus ihrer Nase tropfte Blut.

„Schnell, kommen Sie, hier ist etwas passiert“, rief Esther Richtung Hinterzimmer und beugte sich zu der Frau. Diese stammelte etwas von „Christie“, was für Esther keinen Sinn ergab.

Endlich erschien die Inhaberin des Antiquariats. „Das ist ja Luise“, rief sie. „Sie arbeitet für den cholerischen Kunsthändler um die Ecke.“

Esther schüttelte mitleidig den Kopf. Aber wer hatte ihr den Schlag ins Gesicht verpasst? Während Rettungssanitäter die Frau abholten, betrachtete sie die alten, antiken Bücher auf dem Boden. Sie trugen keine Preisschilder des Antiquariats, also musste die Frau sie mitgebracht haben. Esthers Blick fiel auf eine Autobiografie von Agatha Christie, die sehr alt und wertvoll aussah. Als sie darin blätterte, sah sie, dass das Buch von der Autorin handsigniert worden war. Ein Verdacht keimte in ihr auf.

WELCHEN VERDACHT HATTE ESTHER BERGER?

LÖSUNG

Esther Berger vermutete, dass die Gewalttat mit dem Buch zusammenhing. Ihr Verdacht bestätigte sich. Der Kunsthändler, der die Frau schon am Nachmittag attackiert hatte, hatte sie vor dem Antiquariat erneut damit konfrontiert, unter anderem eine wertvolle, handsignierte Erstausgabe der Autobiografie von Agatha Christie aus seinem Verkaufsraum gestohlen zu haben. Allerdings hatte er keine Beweise. Das Wortgefecht wurde immer hitziger, bis der Kunsthändler der Frau ins Gesicht schlug. Vor Schreck über seinen Gewaltausbruch suchte er das Weite und die Frau schleppte sich mit den Büchern in das Antiquariat, wo sie sie ursprünglich verkaufen wollte.

MESSERSTECHEREI IM PUBLIKUM

Gespannt verfolgte Renate Müller im beinahe ausverkauften Theater das Stück auf der Bühne. Als ein Messerwerfer auftrat, hörte Renate hinter sich ein Stöhnen und schüttelte den Kopf. Im Fernsehen sahen sich die Leute Horrorfilme an, aber für einen Messerwerfer reichten die Nerven nicht.

Nun schrie eine Frau hinter ihr so laut, dass Renate sich umsah. Entsetzt starrte sie auf den Mann hinter sich, in dessen Hals seitlich ein Taschenmesser steckte. Rasch stand sie auf. Die Schauspieler spielten indes weiter, als wäre nichts geschehen. Erst als sich immer mehr Blicke von der Bühne abwandten, stockte die Darbietung.

„Rufen Sie einen Krankenwagen“, forderte Renate Müller einen Mann auf, der in der fast leeren Reihe hinter dem Verletzten saß und gerade dabei war, seine Herrenhandtasche vom leeren Nebensitz zu ziehen und zu gehen. Anscheinend überlegte er es sich nochmals anders, denn er begann, sein Handy aus der Tasche zu nesteln. Kurz überlegte Renate, ob es ratsamer wäre, ihn zu bitten, sich den Verletzten anzusehen, schließlich prahlte der Nachwuchspolitiker bei jeder Gelegenheit damit, dass er ein paar Semester Medizin studiert hatte.

Renate schüttelte den Gedanken ab, stattdessen rief sie den aufgeregten Besuchern zu: „Bitte bleiben Sie auf

Ihren Plätzen sitzen, bis Krankenwagen und Polizei kommen!“ Gleichzeitig lehnte sie sich über die Sitzreihe und versuchte, mit ihren Händen die Blutung zu stoppen. Als gelernte Notfallkrankenschwester hatte sie die Lage erst einmal im Griff, bis der Krankenwagen eintraf. Der verletzte Mann röchelte.

Von ihrer Position überblickte Renate die letzten Reihen. Der Täter musste noch hier sein. Sie betrachtete die Menschen, die in der Nähe des Verletzten saßen. Der Politiker und Möchtegern-Arzt, ein Bäcker-Ehepaar, die Bedienung aus dem Stadtcafé, der Friseur, der ihr einmal im Monat die Haare machte. Auch den Verletzten kannte sie, ein Kfz-Mechaniker, der dem Ruf nach ein Casanova war und dem zahlreiche Liebschaften nachgesagt wurden, unter anderem sogar mit der Gattin eines Mitglieds des Stadtrats.

Renate Müller blickte die Besucher hinter und neben dem Verletzten an. Konnten sie unbemerkt, ein Messer in den Hals eines Mannes stoßen? Das unbemerkt zu tun, war angesichts des Spektakels auf der Bühne nicht schwer. Aber hatten sie die Kraft dafür und die Kenntnis, wie man am besten zustechen musste?

Sie schmunzelte, wenn sie sich vorstellte, wie sich die Polizei diese Frage stellte. Da musste sie eventuell ganz oben auf die Liste der Verdächtigen rutschen, so oft wie sie im Dienst mit Messerstechereien zu tun hatte. Zum Glück saß sie vor dem Opfer und nicht hinter ihm.

Renate dachte nach. Alle Besucher hatten wie sie gebannt nach vorne gestarrt. Sie betrachtete den leeren Platz neben dem Politiker mit der Herrenhandtasche, der wohl ohne seine Frau erschienen war. Ein Gedanke reifte in ihr, den sie der Kommissarin nach ihrem Eintreffen mitteilte.

WELCHEN VERDACHT HATTE RENATE MÜLLER?

LÖSUNG

Renate Müller vermutete, dass der Politiker der Täter war. Sie erinnerte sich, dass sein Nachbarsitz den ganzen Abend leer war. Durch sein Medizinstudium hatte er anatomische Kenntnisse und in der Handtasche hätte er gut ein Messer in den Saal schmuggeln können. Vor allem wunderte sie, dass er ohne seine Frau erschienen war, und sie erinnerte sich an das Gerücht, dass unter den Geliebten des Toten auch die Gattin eines Mitglieds des Stadtrats war. Bei der polizeilichen Befragung bestätigte sich Renates Verdacht.

DER LETZTE TON

Karl Halle schmunzelte, als er das Foyer des Strandhotels betrat und sich unter die Besucher des Konzerts mischte, zu dem der Cäcilia-Chor geladen hatte.

Eine korpulente Frau klagte dicht hinter ihm: „Hoffentlich singt Annemone nicht wieder so schief. Sie hat das Solo nicht verdient.“ Musik schützt eben nicht vor Missgunst, dachte er sich.

Er betrachtete die drei Frauen Anfang sechzig, die offensichtlich Sängerinnen des Chors waren. Die Sprecherin fiel durch ihre unordentliche Frisur auf, die sie mit ihren Händen krampfhaft zu glätten versuchte. Die anderen beiden trugen praktische Kurzhaarfrisuren und warfen sich vielsagende Blicke zu. „Wir wissen doch alle, dass du sie bei weitem übertriffst“, entgegnete eine der beiden.

Karl Halle war gespannt, was ihn bei dieser Veranstaltung am „Tag des Liedes“ erwarten würde. Er suchte sich ein Plätzchen auf der Terrasse, während die Frauen sich zu den anderen Mitgliedern des Chors gesellten.

„Schnell! Ruft einen Rettungswagen“, erklang plötzlich der Ruf eines Mannes.

Karl reagierte sofort. Er war Arzt, fragte, ob er helfen könne, und rasch wurde er in einen kleinen Raum hinter der Bühne geführt.

Dort lag die Solistin langgestreckt auf dem Boden und rührte sich nicht. Karl konnte einen Puls fühlen und auch eine Atmung war vorhanden. Während er die Frau in eine stabile Seitenlage brachte, fiel sein Blick auf ihre geballte Faust. Sind das Haare?, fragte er sich und richtete sich mühsam auf. Dabei sah er ein kleines Fläschchen, das unter einen Sessel gerollt war. K.o.-Tropfen. „Wer in aller Welt …“.

Doch seine Gedanken wurden durch schrille Stimmen unterbrochen: „Was ist passiert?“, „Was ist mit Annemone?“, „Wer singt jetzt das Solo?“, „Die Vorführung startet schon in fünf Minuten!“ Die drei Chorsängerinnen, die Karl im Foyer aufgefallen waren, stürmten in den Raum.

Karl beobachtete die Frauen sorgfältig und in ihm keimte ein Verdacht auf, den er der gerade eintreffenden Polizistin mitteilte.

WELCHEN VERDACHT HAT KARL HALLE?

LÖSUNG:

Karl Halle verdächtigt die Chorsängerin mit der unordentlichen Frisur, die Solistin Annemone außer Gefecht gesetzt zu haben. In der Hand von Annemone hatte er Haare entdeckt und er erinnerte sich, dass die unordentliche Frisur der korpulenten Frau so gar nicht zu einem nahenden Auftritt passen wollte. Karls Verdacht bestätigte sich im Verhör. Die Chorsängerin wollte Annemone mit K.o.-Tropfen betäuben. Doch bevor sie in Ohnmacht fiel, kam es zu einem Handgemenge, in dem sie ihrer Widersacherin einige Haare ausriss.

ÜBERFALL AM MORGEN

Mit den anderen Teilnehmern des Zeichenkurses verließ Friedrich Fries die Tagungsstätte, um im nahe gelegenen Park ein Motiv zu suchen, das er skizzieren konnte. Er hoffte, dabei seinen Ärger über den verpatzten Frühgottesdienst zu vergessen. Er war extra früh aufgestanden und dann fiel der Gottesdienst aus, weil die Kirche abgeschlossen war und die Urlaubsvertretung des Pfarrers keinen Schlüssel besaß.

Beim Rundgang durch den Park gelang es Friedrich sogar, die Frau auszublenden, die hinter ihm mit grellen Plakaten, schriller Stimme und in einem mit Kunstblut verschmierten Pullover dafür warb, sich einer Initiative gegen Pelzhandel anzuschließen.

Er wollte sich gerade auf eine der Skulpturen im Park konzentrieren, als ihm eine Person auffiel, die seltsam gekrümmt am Boden saß. Als Friedrich neugierig näher heranging, bemerkte er, dass es sich um eine Frau handelte, die ohnmächtig und mit einer blutenden Platzwunde am Baum lehnte.

Während Friedrich Fries den Krankenwagen und die Polizei rief, erinnerte er sich an den Tag nach Neujahr, als er diese Frau zum letzten Mal gesehen hatte. Sie war Kürschnerin und hatte ein kleines Pelzgeschäft in der Stadt. Er hatte ihr den alten Nerzmantel seiner Großmutter zur Reinigung gebracht, den er ziemlich verschmutzt im Keller gefunden hatte. Als er bei ihr war, erzählte sie ihm von einem Drohbrief radikaler Tierschützer, den sie bekommen hatte. Ob diese hier im wahrsten Sinne des Wortes zugeschlagen hatten?

Als die Sirenen der Einsatzfahrzeuge immer lauter wurden, trafen auch die ersten Schaulustigen am Tatort ein. Friedrich Fries fielen dabei besonders die militante Tierschützerin mit dem Rot verschmierten Pullover ins Auge und der Küster, der ihn hektisch fragte, was vorgefallen sei. „Ich habe von dem Überfall gar nichts mitbekommen“, beteuerte er lauthals, „denn ich habe in der Kirche ja die Frühmesse vorbereitet.“

Friedrich Fries ging den Morgen in Gedanken durch und teilte der Polizei dann einen Verdacht mit.

WELCHEN VERDACHT HATTE FRIEDRICH FRIES?

Lösung

Friedrich Fries verdächtigte den Küster. Dieser konnte nicht, wie er behauptete, beim Frühgottesdienst gewesen sein. Denn die Kirche war ja abgeschlossen gewesen und Friedrich sowie die anderen Besucher hatten mitsamt dem Aushilfspfarrer vor verschlossener Tür gestanden. Es stellte sich heraus, dass der Küster tatsächlich der Täter war. Er hatte eine Affäre mit der Kürschnerin, die seiner Frau alles beichten wollte.

DAS GIBT MORD UND TOTSCHLAG

EIN TOTER DACKEL, TÖDLICHER KUCHEN, DAS LIEBE GELD UND VIELES MEHR

MÖRDERISCHES BERGWERK

„Eine Aufgabe des Stollens war es, frisches Wetter für die Bergleute heranzuführen“, erklärte der ehemalige Steiger Ludwig Storch und drehte sich zu der Gruppe von Kegelbrüdern um, die er über den Bergbauweg führte. „So nennen Bergleute frische Luft.“

Erleichtert bemerkte Ludwig, dass endlich auch die beiden Kegelbrüder lachten, die sich den ganzen Weg über mit einem dritten Mann gestritten hatten. In ihren blauweißen Trikots sahen sie sich zum Verwechseln ähnlich.

Ludwig Storch sah sich nach dem dritten Streithahn um. Ein ganzes Stück hinter der Gruppe bemerkte er ein blauweißes Etwas auf dem Boden, direkt neben einem umgestürzten Baum, der in den Weg hineinragte. War der Dritte im Bunde etwa über den Baum gestürzt? Er blickte durch den Feldstecher, den er bei seinen Rundgängen immer bei sich hatte.

„Wollen Sie Ihrem Kollegen nicht helfen?“, fragte er die Kegelbrüder und zeigte auf das blauweiße Etwas, das sich im Fernglas tatsächlich als der dritte Mann entpuppte.

Bis auf die beiden Streithähne blickten sich alle Kegler um und rannten sofort los. Der kleinere der beiden Streithähne mit der Meckifrisur, die so gar nicht zu seinen manikürten Fingern passte, mit denen er sich durch die Haare strich, folgte nur langsam. Der andere, ein großer Schlacks, blieb ebenfalls zurück und nestelte am Verschluss seiner abgeschabten Lederhandschuhe, so als hätte er nichts mitbekommen. Auch als die anderen Wanderer aufgeregt nach Polizei und Notarzt riefen, blieben die beiden ruhig.

„Er atmet nicht mehr und hat eine riesige Platzwunde am Hinterkopf", rief einer der Männer. Wenig später stellte der Notarzt fest, dass der Mann erschlagen worden war.

Ludwig Storch versuchte sich zu erinnern, worum es in dem Streit der drei Kegelbrüder gegangen war. Mecki, Schlacks und der Tote hatten sich darüber gestritten, wer zu einem Turnier gemeldet werden sollte. Es waren zwei Meldungen möglich und alle drei wollten teilnehmen. Die Frage hatte sich nun auf unschöne Weise erübrigt.

„Das muss die Tatwaffe sein", hörte Ludwig einen Polizisten sagen, der auf einen dicken Ast mit grober Rinde deutete, der dicht neben dem Opfer lag und an dem Blut klebte. An der Rinde musste man sich zwangsläufig die Handinnenflächen wundscheuern.

Verstohlen schaute Ludwig Storch auf die Hände der beiden übrig gebliebenen Streithähne und ahnte, wer der Täter gewesen sein könnte.

WEN HATTE LUDWIG STORCH IN VERDACHT?

Lösung

Der ehemalige Steiger verdächtigte zu Recht den Schlacks, weil dieser Handschuhe trug, um seine Hände zu verstecken. Die sauberen und manikürten Hände des Mannes mit der Meckifrisur hatte er gesehen, als dieser sich damit durch die Haare fuhr. Dabei wäre ihm aufgefallen, wenn sie blutig oder verschmutzt gewesen wären.

Ein schrecklicher Fund

Harry Frank stieg schwer atmend den Berg hinauf. Als ihm eine ältere Frau entgegenkam, nahm er das gerne zum Anlass, um eine Pause einzulegen.

„Guten Tag, Frau Weidinger, sind Sie allein unterwegs?“, grüßte er die Spaziergängerin. Die Frau blieb sofort stehen und fing an zu weinen. „Mein kleiner Raudi ist weg.“

Ehe Harry etwas Tröstendes sagen konnte, hörte er hinter sich lautes Kindergeschrei. Die Stimmen klangen, als sei etwas Schlimmes passiert. So schnell er konnte, eilte er in die Richtung, aus der der Lärm kam.

Harry entdeckte vier Jungen um einen Stapel Holz. „Ihr sollt nicht mit dem Holz für das Osterfeuer spielen“, schimpfte er. Die Kinder starrten abwechselnd ihn und den Holzstapel an. Nun bemerkte Harry, weshalb sie geschrien hatten.

„Bleiben Sie weg!“, wollte er noch rufen, da war die alte Frau schon mit einem lauten Schrei an ihm vorbeigerannt.

„Raudi!“, schrie sie. Ein Dackel lag mit einer Leine um den Hals gewickelt tot unter dem Holzstapel, der für das Osterfeuer aufgeschichtet worden waren.

Harry sah sich um. Wer machte so etwas? Er bemerkte, wie ein Junge etwas vom Boden aufhob. „Was hast du da?“ Eingeschüchtert hielt das Kind ihm ein pinkfarbenes Kunststoffarmband hin.

„Was ist das?“ Harry blickte den Jungen streng an.

„Das ist von der Disko! Das hat mein Bruder auch“, stammelte der Junge. „Da ist an diesem Wochenende das Motto ‚Zahl einmal, komm zweimal‘ oder so ähnlich. Jedenfalls musste er nur einmal Eintritt zahlen und kann zwei Tage rein.“ Harry steckte das Armband ein.

„Das war bestimmt der Mann von nebenan“, unterbrach Frau Weidinger seine Überlegungen. „Der beschwert sich ständig über Raudi, wenn er im Garten ist und die Passanten anbellt.“ Sie schluchzte. „Oder der große Junge von oben, der immer Kanalratte zu meinem Schatz sagt.“

Harry rief die Polizei an und schärfte den Jungen ein, zu warten, bis die Beamten eintrafen. Er begleitete die Frau nach Hause. Vor dem Gartentor begegnete ihnen der Nachbar von nebenan, der mit einer jungen Frau Händchen hielt.

„Was haben Sie mit Raudi gemacht?“, keifte Frau Weidinger diesen sofort an.

„Gehen Sie aus dem Weg“, forderte der Mann, „wir sind verabredet!“

Harry wollte das Paar zurückhalten, da fiel sein Blick auf das Handgelenk der Frau. Es gelang ihm auch, die Arme des Mannes zu sehen. Er schwieg und fragte sich, welche Strafe auf Hundemord stehen mochte.

WAS HAT HARRY FRANK STUTZIG GEMACHT?

LÖSUNG

Harry bemerkte, dass die Frau ein pinkfarbenes Armband der Disko trug und der Mann keines. Auf Nachfrage stellte sich heraus, dass beide zusammen in der Disko gewesen waren und der Nachbar das Band verloren hatte, als er den Hund versteckte. Er hatte ihn zuvor aus dem Garten geholt, um Frau Weidinger einen Schrecken einzujagen. Doch der vermeintliche Scherz nahm einen bösen Ausgang, da Raudi sich mit der Leine im Holzstapel verfing und erstickte.

KAFFEE, KUCHEN, TOD

Gustav Kühn konnte die schrille Stimme der dürren Frau nicht mehr hören. Seit Beginn der Stadtrundfahrt saß sie hinter ihm im Bus und traktierte seinen Rücken mit ihren spitzen Knien. Er war froh, dass bald die angekündigte Kaffeepause sein würde. Endlich hielt der Bus. Natürlich drängelte sich die Frau vor, als sie aussteigen mussten. Gustav ließ einige Teilnehmer vorbei und folgte der Gruppe langsam.

Als er die Gaststube betrat, schob die impertinente Frau bereits den ersten Kuchenbissen in den Mund. Gustav Kühn sah gerade noch das Marzipankleeblatt, das aus ihrem Mund ragte. Hatte sie nicht im Bus von diesem berühmten Glückskuchen geschwärmt?

Ehe er weiter darüber nachdenken konnte, brach die Frau zusammen. Weißer Schaum bildete sich vor ihrem Mund.

„Einen Arzt, schnell“, rief der kleine, runde Mann, der neben der dürren Frau gesessen hatte und ihr Ehemann sein musste.

Gustav wollte den Notruf wählen, da hörte er, dass die dunkelhaarige, mit ihren roten Lippen stark geschminkte Bedienung bereits sehr sachlich und mit großer Ruhe in ihr Handy sprach: „Bitte kommen Sie. Hier gibt es einen Todesfall.“

Woher wusste sie so schnell, dass es sich um einen Todesfall handelte? Gustav Kühn drängte sich durch die Cafébesucher, die sich inzwischen dicht um die am Boden liegende Frau scharten. Aus den Augenwinkeln bemerkte er, wie eine Hand mit langen, Rot lackierten Nägeln über die Wange des erstaunlich wenig erschüttert wirkenden rundlichen Ehemannes strich.

„Das war aber auch eine Hexe."

Gustav Kühn drehte sich zu dem Mann um, der das gesagt hatte. „Wie meinen Sie das?"

Was er dann hörte, passte zu seinem Eindruck im Bus. Aber nur, weil jemand gehässig ist, vergiftet man niemanden. Dass die Frau vergiftet wurde, war für Gustav klar, schließlich war er früher Pathologe gewesen und der schnelle Exitus der Frau sowie der Schaum vor dem Mund konnten nur durch Gift hervorgerufen werden.

Nachdenklich betrachtete er die anderen Tortenstücke. Nicht eines war mit einem Marzipankleeblatt dekoriert. Als wäre das Stück für die Tote extra markiert gewesen. Er blickte kritisch auf die Hände der umstehenden Personen. Welche Hand hatte dem Mann der Toten so vertraut über die Wange gestreichelt? Als die Polizei eintraf, konnte er ihr einen ersten Verdacht übermitteln.

WEN HATTE GUSTAV KÜHN IN VERDACHT?

LÖSUNG

Gustav Kühn verdächtigte die Bedienung, die zum einen Gelegenheit hatte, ein Kuchenstück zu vergiften, und zum anderen Wert auf ein gepflegtes Äußeres legte. Sein Verdacht bestätigte sich kurz darauf. Die Bedienung besaß lange rote Fingernägel, die sie sich erst am Morgen bei der Maniküre hatte machen lassen. Sie und der Mann der Toten hatten schon seit Längerem ein Verhältnis und sich den Plan ausgedacht, die Frau, die ihm das Leben zur Hölle gemacht hat, bei dem Ausflug zu vergiften.

TOD EINER ALTEN DAME

Arno Nadel wusste aus seiner Kindheit genau, dass es einen Weg vom See zur Innenstadt gab. Aber wo? Er sah sich nach einem Passanten um, den er fragen konnte. An der Promenade entdeckte er eine Frau auf einer Bank. Er trat näher an die Bank heran.

„Entschuldigen Sie“, sprach er die alte Frau an. Ihr Kinn lag schwer auf der Brust, als wäre sie eingeschlafen. Seltsam, dass sie sich auf die Bank gesetzt hatte, obwohl dort ein großer Zettel mit dem Hinweis „Frisch gestrichen“ hing.

Die Frau antwortete nicht. Schlief sie tatsächlich im Sitzen auf der Bank? Arno Nadel zögerte. Sollte er weitergehen? Er entschied, einen weiteren Versuch zu starten, die Frau zu wecken.

„Gnädige Frau“, sagte er leise und berührte die Frau an der Schulter. Sofort kippte diese nach vorne. Jetzt erst bemerkte Arno die offene Handtasche zu ihren Füßen. Hastig griff er nach ihrem Handgelenk und suchte den Puls. Entsetzt ließ er ihren Arm los, als er dort nichts spürte.

Als Arno sein Handy aus der Tasche zog, um die Polizei zu rufen, ärgerte er sich über die Farbe an seinem Jackenärmel. Er hatte wohl die frisch gestrichene Bank berührt. Der Maler konnte nicht lange fort sein.

Er wählte die 110 und schilderte seinen Fund. Während er auf die Polizei wartete, ging Arno in Gedanken durch, wer ihm am See begegnet war. Er hatte sich noch über den Mann mit dem Fahrrad gewundert, weil dieser trotz Farbeimer und Pinsel auf dem Gepäckträger so sauber gekleidet war. Eine junge Frau hatte ihn angerempelt, weil sie mit dem Ärmel ihrer Jacke beschäftigt war. Statt einer Entschuldigung hatte sie etwas von „endlich Geld für ein neues Handy" gemurmelt. Zwei junge Männer in schwarzen Trainingsanzügen hatten sich etwas zugeworfen, das eine Geldbörse gewesen sein konnte. Je mehr er darüber nachdachte, kam nur eine Person als Täter infrage.

Seine Schlussfolgerung gab er sogleich an die Polizei weiter, die daraufhin am nächsten Tag den Fall zu den Akten legen konnte.

ZU WELCHEM SCHLUSS WAR ARNO NADEL GEKOMMEN?

LÖSUNG

Arno Nadel verdächtigte die junge Frau, die anscheinend kurz vorher zu Geld für ein neues Handy gekommen und mit dem Ärmel ihrer Jacke beschäftigt war. Nach einer Personenbeschreibung konnte die Frau gefasst werden. An ihrer Jacke entdeckte die Polizei einen Farbfleck und in der Jackentasche fand sie die Geldbörse der verstorbenen Frau. Die Täterin hatte die alte Frau bereits am Geldautomaten beobachtet. Dann ging sie ihr nach, stieß sie an der Promenade auf die frisch gestrichene Bank und entwendete die Börse. Die alte Frau erlitt während der Tat einen Herzinfarkt und starb auf der Bank.

WENN DIE WEISSEN FAHNEN WEHEN

In einem Tempo, das einem 75-Jährigen angemessen war, folgte Otto Wallburg der Gruppe, die sich am Tor vor einer Hängebrücke versammelt hatte. Seit Tagen freute er sich auf den Tag des Denkmals, an dem dieses einzigartige Bauwerk betreten werden durfte.

Endlich wurde das eiserne Gitter aufgesperrt und schon drängte sich eine Clique nach vorne. Die Leute gingen gemächlich, mit weißen Papierfähnchen und Luftballons in der Hand laut schwatzend über die Brücke.

Otto Wallburg blieb am Anfang der Brücke stehen und wartete, bis er ganz alleine war. Dann genoss er zuerst einmal die himmlische Ruhe. Doch diese wurde kurz darauf von einem Paar gestört, das am gegenüberliegenden Ende der Brücke einen Streit austrug. Die Frau hatte ein weißes Fähnchen in der Hand.

Otto sah, dass seine Schnürsenkel offen waren und bückte sich, um diese zu binden. Plötzlich hörte er einen lauten Schrei. Mühsam richtete er sich wieder auf. „Die Knie machen wirklich nicht mehr viel mit“, dachte er bei sich.

Er lehnte sich über das Brückengeländer und blickte nach unten. Zwei Männer rangen im Wasser miteinander. War das ein Kampf oder eine Rettungsaktion?

„Einen Notarzt, schnell!“, brüllte neben ihm ein Mann ins Telefon. Er war Otto bereits beim Warten am Tor aufgefallen, weil er laut gesprochen hatte und die Feder an seinem albernen Hütchen ihm durch das Gesicht gewischt war. Das Hütchen hatte er jetzt nicht mehr auf. Wo mochte es geblieben sein?

Die Frau, die sich vorhin mit dem Mann gestritten hatte, kam schnell vom anderen Ende der Brücke angerannt und quetschte sich an Otto vorbei. Dabei fuhr sie ihm mit einem zerrissenen roten Fähnchen übers Gesicht. Otto wandte sich angeekelt ab. Irgendwie fühlte es sich feucht an.

„Rufen Sie lieber die Polizei“, hörte er jemanden am Flussufer sagen. Es war der Mann, der mit dem anderen im Wasser gerungen hatte. „Dem kann ein Notarzt nicht mehr helfen.“ Er zog seine Hand unter dem Nacken des anderen hervor. Sie war rot vor Blut.

„Ich glaube nicht, dass der Mann sich die Verletzung im Wasser zugezogen hat, das muss irgendwo anders passiert sein“, erklärte der Notarzt, der wenig später den Tod des Mannes bestätigte.

Otto Wallburg nahm den ermittelnden Kommissar beiseite und schilderte ihm einen Verdacht, der dazu führte, dass schon bald die erste Verdächtige verhaftet wurde.

WEN VERDÄCHTIGTE OTTO WALLBURG?

Lösung

Otto Wallburg verdächtigte die Frau mit dem roten Fähnchen. Auf dem Hinweg hatten alle weiße Fähnchen in der Hand und er erinnerte sich an das streitende Paar. Im Verhör gab die Frau zu, dass sie ihren Mann geschubst hatte. Er war mit dem Kopf auf das Geländer geprallt. Sie hatte ihrem Partner dann noch einen Stoß gegeben, durch den er über das Brückengeländer ins Wasser fiel. In dem Tumult wurde ihr Fähnchen zerrissen und hatte sich von dem Blut der Kopfverletzung rot gefärbt.

DER TOD FÄHRT MIT

Hermann Haber genoss die Fahrt mit dem Dampfzug. Einmal im Jahr gönnte er sich die Strecke mit der Museumsbahn. Wenn nur nicht diese beiden Frauen in seinem Abteil wären, die eine Sektflasche kreisen ließen und umso lauter wurden, je häufiger die Flasche zwischen ihnen hin- und herwechselte.

„Findest du, dass der Minirock zu dir passt?“, fragte plötzlich die Brünette, die einen Stickrahmen in der Hand hielt, in herrischem Ton ihre blonde Freundin.

„Das musst du gerade sagen!“, gab die Blonde schnippisch zurück.

„Hab dich doch nicht so“, konterte die Brünette, während sie einen Faden abschnitt. „Du befindest dich in guter Gesellschaft. Gründe doch mit Marlene einen Klub der schlecht angezogenen Weiber.“

Die Sticheleien zwischen den Frauen gingen weiter. Hermann Haber versuchte, die Gespräche um sich herum auszublenden und sich auf das Zuggeräusch zu konzentrieren. Das ging solange gut, bis die blonde Frau keifte: „Deinem Mann scheint mein Kleidungsstil jedenfalls zu gefallen, so wie er mich immer mit Stielaugen ansieht.“

Die Frauen ereiferten sich lautstark, verließen dann aber kurz darauf das Abteil. Erleichtert lehnte Hermann Haber sich zurück und schloss die Augen. Nun konnte er diesen Duft der Dampfeisenbahn, der gelegentlich durchs Fenster zog, und das Ruckeln der alten Bahn endlich genießen. Herrlich!

Erst als der Zug an der Endstation hielt, bemerkte Hermann Haber die blonde Frau, die direkt neben dem Ausgang saß. Sie sah sehr blass aus.

„Entschuldigung, ist Ihnen nicht gut?“, fragte er. Dann sah er, dass aus ihrem Bauch das Ende einer Schere ragte. Das sagte alles. Er öffnete das Fenster und rief den Schaffner, der die Polizei benachrichtigte.

„Ist Ihnen etwas aufgefallen?“, wollte eine Polizistin wenig später wissen.

Hermann Haber dachte kurz nach, dann war ihm klar, wer der Täter sein musste.

WEN HIELT HERMANN HABER FÜR DEN TÄTER?

LÖSUNG

Hermann Haber verdächtigte die brünette Frau. Bei ihr hatte er die Schere gesehen und ihre Handarbeit war die einzige, bei der man diese immer wieder benötigte, um die Stickfäden abzuschneiden. Es stellte sich heraus, dass ihr der Kommentar ihrer Freundin über ihren Ehemann so zu schaffen machte, dass sie zustach.

DER TOTE IM STADTPARK

Friedrich Schwartz ließ sich auf der kleinen Mauer nieder, die im Stadtpark den Weg von der Rasenfläche abtrennte. Er stützte beide Hände hinter sich auf der Mauer ab und richtete sich der Sonne entgegen, um die Wärme zu genießen.

Was ist das denn?, dachte er, als er an seinen Händen etwas Feuchtes bemerkte. Er richtete sich auf, um seine Hände anzusehen.

Angeekelt sah Friedrich Schwartz, dass an seinen Händen Blut klebte. Er sprang entsetzt auf und bemerkte nun erst den jungen Mann, der direkt hinter dem Mäuerchen leblos auf dem Boden lag. Er hatte eine blaue Jacke an, die über und über in Blut getränkt war, und auf deren linker Brustseite der Aufnäher eines Wolfes prangte.

„Hallo! Hören Sie mich?“, rief Friedrich.

Statt einer Antwort tauchte plötzlich ein grüner Turnschuh in seinem Blickfeld auf und der scharfe Geruch eines Minze-haltigen Heilöls stieg ihm in die Nase. Ehe er nach oben sehen und sein Gegenüber erkennen konnte, traf ihn ein Schlag an der Stirn. Reflexhaft hob er die Hände, krallte diese kurz in die Jacke seines Angreifers und sank dann aber zu Boden.

Als Friedrich wieder aufwachte, war alles um ihn herum hell erleuchtet. Eine Menschenmenge stand hinter dem rotweißen Absperrband der Polizei.

„Haben Sie etwas gesehen?“, bedrängte ihn ein Beamter. Er zeigte ihm einen kleinen schwarzen Stofffetzen. „Den hatten sie zwischen den Fingern.“

Friedrich erinnerte sich nicht daran, woher der Fetzen kam. Er ließ den Blick über die Schaulustigen schweifen und entdeckte seine Haushaltshilfe. Die hatte sich doch heute Morgen abgemeldet, um bei ihrem grippekranken Sohn zu sein. Nicht weit von ihr entfernt stand mit blassem Gesicht der junge Mann, der für den Dorfladen die Ware mit dem Fahrrad ausfuhr.

„Können Sie mich verstehen?“ Der Polizist versperrte ihm kurz die Sicht auf die neugierige Menge. Als Friedrich an ihm vorbeiblickte, sah er einen grünen Turnschuh aufblitzen.

„Da!“, rief er, doch der Beamte schüttelte unwillig den Kopf und schob ihn zum Rettungswagen.

Beim Einsteigen sah Friedrich den grünen Turnschuh erneut, und zwar neben seiner Haushaltshilfe, die an der schwarzen Jacke des jungen Mannes zerrte, auf der ein Adler-Aufnäher zu sehen war.

„Das sieht nach einem Kampf zwischen Bandenmitgliedern aus“, hörte er den Polizisten sagen, der den schwarzen Stofffetzen in einem Tütchen verstaute. Als er das sah, kam Friedrich ein Verdacht.

WEN HÄLT FRIEDRICH SCHWARTZ FÜR DEN TÄTER?

LÖSUNG

Friedrich Schwartz vermutete, dass der Sohn der Haushaltshilfe ihn niedergeschlagen hatte. Der schwarze Stofffetzen musste von dessen schwarzer Jacke mit dem Adler-Aufnäher stammen. Vor allem aber trug er grüne Turnschuhe und roch nach japanischem Heilöl, das viele Menschen bei einer Grippe benutzten. Es stellte sich heraus, dass der Täter und der Tote Mitglieder konkurrierender Banden waren und sie zudem eine private Fehde hatten. Während eines Streits im Stadtpark kam es zu einer Auseinandersetzung, bei der der Täter das Opfer mit einem Messer erstach.

GEFÄHRLICHER LAUFSTEG

Mit wenig Enthusiasmus öffnete Georg Hermann die Tür zu dem kleinen Café am Dorfplatz, in dem gleich eine Modenschau stattfinden sollte. Seine Frau hatte ihn vor die Wahl gestellt – Besuch ihrer Modenschau oder Trennung. Er war sich zwar noch immer nicht sicher, ob sie das ernst gemeint hatte, wollte aber nichts riskieren. Er war froh, als er den Mann im gelben Sakko bemerkte, der hinter ihm den Raum betrat. Er war also nicht der einzige männliche Besucher.

Sein Leidensgenosse mit dem gepflegten Bart schien ebenfalls wenig erfreut zu sein, denn er murmelte vor sich hin: „Du wirst schon sehen, was du davon hast, Gerti.“

Georg Hermann hatte keine Zeit, über diese seltsame Bemerkung nachzudenken, denn schon strömten weitere Besucher, vor allem ältere Damen, in das Café.

„Sie müssen für Gertrud stimmen“, redete eine der Damen auf den bärtigen Mann ein, während die anderen verlangten: „Nein, für Isolde! Das ist die mit den roten Haaren.“

Mit Mühe verstand Georg, dass die Modenschau zugleich ein Wettbewerb war und der Mann mit Bart der

Juror. Das Model, das die meisten Zuschauerstimmen errang, bekam einen Preis.

Zum Glück betraten schon bald die Models den improvisierten Laufsteg. Wie die dunkelblonde Frau, die als Gertrud angekündigt wurde, auf diesen hohen Schuhen gehen konnte, war ihm ein Rätsel. Ihr folgte eine Rothaarige, die die Moderatorin als Isolde begrüßte. Deren Schuhe waren noch höher und besaßen zudem den Ton ihrer Haare.

Georg Hermann war froh, dass er von solchen Moden verschont blieb. Noch mehr freute er sich, als das Ganze vorbei war.

Auf dem Weg zur Toilette kam ihm die junge Bedienung entgegen, die während der Schau serviert hatte. „Da, da!", stammelte sie und zeigte mit der Hand auf die Tür zum Damen-WC.

Georg Hermann öffnete die Tür. Unter dem Türspalt einer der WC-Kabinen sickerte eine Blutlache hervor. Er bückte sich und konnte durch den Spalt das Gesicht der Frau erkennen, die dort auf dem Boden lag. Es war Gertrud, die von ihren Fans Gerti genannt wurde. Neben ihrem Kopf lag ein dunkelroter Schuh.

Georg rief die Polizei und erklärte den anderen Besuchern: „Es ist etwas geschehen. Bitte bleiben Sie hier, bis die Einsatzkräfte kommen." Dabei sah er sich suchend nach den anderen Models um, diese waren jedoch nicht zu sehen. Der Bärtige saß an der Theke und verspeiste gerade genüsslich den letzten Bissen eines Käsekuchens. Nun war Georg endgültig klar, wer die Frau erschlagen hatte.

WEN VERDÄCHTIGTE GEORG HERMANN?

LÖSUNG

Georg Hermann hatte anfangs den Bärtigen in Verdacht, weil dessen Bemerkung im Eingang wie eine Drohung geklungen hatte. Er hätte jedoch sicher nicht vergnügt an der Theke gesessen und Kuchen gegessen. Die rothaarige Isolde hingegen war nicht zu sehen und ihr gehörte der dunkelrote Stiletto, der neben der toten Gerti lag.

TÖDLICHE WASSERWANDERUNG

Katharina und Dorothea Pierson genossen es, in der Menge der Besucher des Stadtfestes zu baden und ein wenig über die anderen Gäste zu lästern.

„Guck mal, da!“ Katharina wies Dorothea auf das riesige Wasserbecken mitten auf dem Platz hin. Auf der Wasseroberfläche schwammen durchsichtige Kugeln, die wie riesige Wasserbälle aussahen. Besonders Wagemutige konnten sich in die Kugeln zwängen, die dann mit Sauerstoff gefüllt wurden und über das Wasser rollten.

Die Frauen beobachteten schmunzelnd, wie der junge Bürgermeisterkandidat sich in eine Wasserkugel zwängte, nachdem er sich mit einer aufgesetzten Umarmung von seiner Frau verabschiedet hatte.

„Wahlkampf“, wisperte Katharina.

Dorothea stieß sie unauffällig mit dem Ellenbogen an. Sie zeigte mit dem Kopf auf die Frau des Bürgermeisterkandidaten, die nun abseits des Getümmels einen Mann in einem Cordjackett mit einem innigen Kuss empfing.

Die anderen Leute bekamen nichts davon mit, weil sie auf den Kandidaten fixiert waren, dessen Kugel gerade mit Sauerstoff gefüllt wurde: „Gleich kann ich über das Wasser laufen!“, rief er angeberisch.

Katharina bemerkte den Wahlgegner und amtierenden Bürgermeister, der sich mit spöttischem Blick von seinem Gegner abwandte. Er schien direkt vom Golfplatz zu kommen, da er noch immer seine Golf-Kleidung anhatte.

Die Zuschauer verfolgten gespannt die ersten Schritte des Kandidaten auf dem Wasser und schrien geschlossen auf, als der Mann plötzlich zusammensackte und auf dem Boden der Kugel liegen blieb. Einige Menschen sprangen ins Wasserbecken, um die Kugel an den Rand zu schieben.

„Es ist bisher noch nie etwas passiert“, jammerte der Betreiber.

Katharina ging mit großen Schritten auf die Kugel zu, falls ihre Hilfe als Ärztin gebraucht werden sollte. Die herbeigeeilten Rettungssanitäter versuchten, den Kandidaten, der reglos in der Kugel lag, zu befreien. Als sie ihn endlich beatmen konnten, war es bereits zu spät.

Auch Katharina konnte nichts mehr ausrichten. Dennoch blieb sie stehen, da ihr etwas aufgefallen war. „Der Tote riecht nach Gas“, bemerkte sie. Sie wechselte einen Blick mit dem Rettungssanitäter, der zustimmend nickte und sofort die Polizei alarmierte.

Katharina wollte gerade zurück zu Dorothea gehen, als sie den Mann im Cordjackett sah, der im Begriff war, den Schlauch an der Pumpe abzuschrauben, die den vermeintlichen Sauerstoff in die Kugel geleitet hatte. Der Schlauch führte aber zu einer Golftasche, aus der das Ende einer kleinen Gasflasche ragte. Am Revers des Mannes sah Katharina die Nadel mit dem Emblem der Partei des Bürgermeisters aufblitzen.

„Schnell, da drüben ist der Täter", sagte sie zu den beiden Polizisten, die immer noch neben ihr standen. Diese konnten den Mann sofort in Gewahrsam nehmen. „Ich habe doch nur im Auftrag gehandelt", hörte Katharina ihn noch sagen, als er abgeführt wurde. Da keimte ein Verdacht in ihr auf.

WEN VERDÄCHTIGTE KATHARINA, DER AUFTRAGGEBER ZU SEIN?

LÖSUNG

Katharina Pierson erinnerte sich, dass der amtierende Bürgermeister in seiner Golf-Montur auf dem Stadtfest erschienen war und der vermeintliche Täter die Nadel von dessen Partei an seinem Jackett trug. Als sie der Polizei ihre Beobachtung mitteilte, fand diese schnell heraus, dass die Golftasche mit der Gasflasche dem amtierenden Bürgermeister gehörte. Dieser erpresste seinen Mitarbeiter mit dem Mord an dem Kandidaten, da er von seiner Affäre mit dessen Frau wusste.

DAS LIEBE GELD

Leichtfüßig und gut gelaunt stieg Hans Heller die 130 Stufen vom Rathausturm herunter. 30 Minuten hatte er den Ausblick über die Stadt und die Region genossen. Erst als vier Besucher die Plattform betraten und die Ruhe mit ihren lauten Stimmen störten, hatte er sich auf den Rückweg gemacht. Nicht ohne vorher einen Blick auf die Gruppe zu werfen.

Der ältere Mann fiel durch seinen bayerischen Dialekt auf. Der Jugendliche kämpfte mit seiner Frisur, die der Wind zerstörte. Und eine junge Frau cremte sich seelenruhig ihre Hände ein, während sie in die Ferne sah. Sie schien die Ehefrau des älteren Mannes zu sein. Die Vierte im Bunde, eine ältere Frau, schaute die Jüngere spöttisch an und zischte mit schriller Stimme: „Nur, weil du seine Neue bist, heißt das nicht, dass sein Sohn und ich leer ausgehen!“

Auf der Treppe versuchte Hans, die Stimmen auszublenden, aber Satzfetzen wie „Erbschleicherin“ und „Testament ändern“ machten ihn neugierig.

Plötzlich wurde es still. Eine Wohltat, dachte Hans, bis er nach den letzten Stufen durch die Tür auf den Rathausplatz trat. Da wusste er, weshalb oben plötzlich Ruhe herrschte.

Zwischen den Tischen, Stühlen und der Blumendekoration des Ratskellers lag der Bayer mit verdrehtem Kopf auf dem Asphalt. Unter ihm breitete sich eine Blutlache aus.

Zwei junge Frauen in Wanderkleidung beugten sich über ihn. „Tot!“, sagte die eine und stellte sich Hans Heller als Rettungssanitäterin vor.

Ihre Begleiterin informierte bereits die Polizei, sodass Hans den Toten nur noch neugierig betrachten konnte.

Ein weißer Fleck auf dem Rücken des Mannes weckte seine Aufmerksamkeit. Er betrachtete ihn genauer und erinnerte sich an die Begegnung mit dem Verstorbenen und dessen Begleitung.

„Der Mann ist nicht zufällig hinabgestürzt“, murmelte er und erklärte der Polizei wenig später, wen er als Täter in Verdacht hatte.

WEN VERDÄCHTIGTE HANS HELLER?

LÖSUNG

Hans Heller verdächtigte die junge Frau, die sich die Hände eingecremt hatte, weil er den weißen Fettfleck auf dem Rücken als Cremefleck identifiziert hatte. Das Motiv war wie immer das liebe Geld. Die Frau hatte Angst, dass ihr deutlich älterer und wohlhabender Mann sein Testament, das bisher zu ihren Gunsten abgefasst war, zugunsten seines Sohnes und seiner Exfrau abändern könnte.

BESTRICKENDE ANSICHTEN

Max Ehrlich wunderte sich, als er auf dem Parkplatz am Märchenwald hielt. Hatten hier nicht kürzlich mehrere Bäume gestanden? Nun zierten nur noch Stämme mit farbigen Strickstulpen den großen Schotterplatz. Die Kronen, Äste und Zweige lagen abgeschlagen am Wall. Ein einziger Baum stand noch. Es sah aus, als trüge er einen grün-weißen Strumpf.

Vor dem Baum lag ein Mann. Im ersten Moment dachte Max, einer der Gäste des gestrigen Märchenfestes würde dort seinen Rausch ausschlafen. Dann bemerkte er die große Stricknadel, die aus dem Hals des Mannes ragte. Der runde, grüne Knauf am Ende der Nadel setzte sich farblich von der weißen Haut des Mannes ab.

Während er die Polizei rief, betrachtete Max Ehrlich den Toten genauer. Er kannte ihn. Das war Kurt Gerron, der Leiter des Werder-Bremen-Fanclubs, dessen Wiederwahl in Kürze anstand. Nun war der Weg frei für seinen schärfsten Konkurrenten. Aber würde der für ein solches Amt töten?

Da kamen wohl eher die Stricklieseln infrage, die seit einigen Monaten Bäume, Denkmäler und Laternenpfähle mit ihren Strickereien umwickelten. Niemand wusste, wer hinter der Gruppe steckte. Vermutlich hatte

Kurt Gerron sie bei ihrer Aktion ertappt und vielleicht hatten sie ihn getötet.

Max war froh, als endlich die Polizei eintraf und er nach Hause gehen konnte, nachdem er seine Personalien angegeben hatte.

Auf dem Heimweg fuhr er an dem Haus des Kandidaten und möglichen Nachfolgers des Toten vorbei. Er staunte über die bestrickten Bäume im Vorgarten und parkte vor dem Haus.

„Guten Abend! Gehört Ihre Frau etwa zu den Stricklieseln?“, begrüßte er den Mann, der den Wasserschlauch abstellte, um Max die Hand zu geben.

„Das waren Nachbarinnen, ich habe mit Stricken seit Längerem nichts mehr am Hut“, entgegnete die Hausherrin, die plötzlich wie aus dem Boden gewachsen zwischen den Männern stand. Ihr Mann kam nicht dazu, Max zu antworten.

Die Frau hakte sich bei ihrem Mann unter und sagte: „Das ist sowieso alles Unsinn, nicht wahr? Kommen Sie doch herein, Herr Ehrlich. Mein Mann muss ohnehin eine Pause machen.“ Sie wies Max den Weg in die Wohnung.

„Unser Hobby ist Fußball“, redete sie ohne Pause weiter. „Wenn mein Mann demnächst Vorsitzender des

Werder-Bremen-Fanclubs wird, habe ich ohnehin keine Zeit mehr zum Stricken. Deshalb habe ich die Stricknadeln eingemottet, bis wieder andere Zeiten kommen."

Max Ehrlich sah sie befremdet an und ließ sich langsam in die Kissen auf dem Sofa fallen. Er spürte ein kurzes Stechen im Rücken.

Als der Gastgeber in der Küche Getränke holte und die Hausherrin kurz im Nebenzimmer verschwand, um ihre Werder-Bremen-Sammlung aus dem Schrank zu holen, nahm Max die Kissen beiseite. Er wollte sehen, was ihn da gestochen hatte. Seine Augen weiteten sich, als ihm ein runder, grüner Knauf entgegenblickte. Er beschloss, auf das Gespräch zu verzichten und die Polizei anzurufen, um einen weiteren Verdacht zu äußern.

WELCHEN VERDACHT HATTE MAX EHRLICH?

LÖSUNG

Max Ehrlich verdächtigte die Frau des Kandidaten, nachdem er entdeckt hatte, dass hinter dem Kissen auf dem Sofa die gleiche Stricknadel lag, wie die, mit der der Tote ermordet worden war. Stutzig machte ihn auch, dass die Frau erwähnte, dass ihr Mann bald Vorsitzender werden würde. Dabei war die Wahl noch nicht erfolgt und eigentlich konnte sie nicht wissen, dass der Amtsinhaber verstorben war. Aufgrund dieser Indizien legte sie der Polizei gegenüber ein Geständnis ab.

MORDSVOLK STATT VOLKSFEST

Im ersten Moment ärgerte sich Jaap Speyer, dass er nicht an das Volksfest gedacht hatte, das auf dem Gelände der mittelalterlichen Burg stattfand. Es waren viel zu viele Menschen unterwegs. Auch sein Lieblingsspazierweg war davon betroffen. Er wollte bereits umkehren, als er hinter sich einen Luftzug verspürte.

Ein Mann in den Dreißigern, an den Armen kunstvoll tätowiert, prallte nur knapp hinter ihm auf den Boden. „Mia", ächzte er noch. Dann herrschte Stille.

Jaap Speyer war fassungslos. Er musste sich von dem Anblick des Mannes abwenden und schaute stattdessen auf den dicken Wehrturm, von dem der Mann heruntergestürzt war. Entsetzte Gesichter starrten ihn von der Plattform oben an. Er hörte, wie jemand um ihn herum einen Rettungswagen rief.

Eine junge Frau rannte mit wehendem Kleid heran. „Berti!", schrie sie. Jaap Speyer konnte gerade noch verhindern, dass sie sich auf ihn warf. „Das ist mein Freund", stammelte sie. Mehr war aus ihr nicht herauszubekommen.

Jaap Speyer war nun neugierig und stieg die Treppen zur Turmplattform hinauf. Er atmete schwer, als er endlich oben eintraf und staunte. Dort standen fast nur Männer, sie redeten laut und gestikulierten wild mit den Händen. Kein Wunder, wenn da jemand das Gleichgewicht verlor.

Ein Arm, auf dem Jaap Speyer ein Herz-Tattoo mit einem M erkannte, hätte ihn fast zu Boden gestreckt. Er gehörte zu dem Mann, den Jaap beim Eintreffen auf dem Turm hatte sagen hören, dass Berti eh nicht gut genug für Mia sein würde.

„Entschuldigung", nuschelte der Mann Jaap entgegen.

„Was ist denn passiert?", erkundigte sich Jaap Speyer. Einige wandten sich mit einem „Weiß nicht!" oder einem „Keine Ahnung!" ab. Andere mutmaßten, dass Berti sich wohl zu weit vorgebeugt hätte.

„Der hier hat auf Mia gewartet", erklärte einer der Männer und machte mit dem Kinn eine Geste in Richtung des Mannes mit dem Herz-Tattoo.

„Warum sollte ich denn auf meine Exfreundin warten?", wiegelte der Angesprochene schnell ab und drohte dem anderen mit der Faust.

„Was ist hier vorgefallen?", unterbrach die amtlich klingende Stimme eines Polizisten den Streit. Jaap Speyer hatte eine Ahnung, was geschehen war, und teilte seinen Verdacht direkt mit.

WAS VERMUTETE JAAP SPEYER?

LÖSUNG

Jaap Speyer vermutete, dass der Mann mit dem Herz-Tattoo Berti herabgestoßen hat. Er war der Exfreund von Mia und das tätowierte M auf seinem Arm könnte für „Mia“ stehen. In der Tat war er der Täter, der den Rummel auf dem Turm genutzt hatte, um seinen Rivalen aus dem Weg zu räumen. Er war immer noch verliebt in seine Exfreundin und hatte etwas gegen ihre Beziehung mit Berti.

VERRÄTERISCHE SCHUHE

Sein Abendspaziergang führte Erich Engel zum Stadtpark. Er war neugierig, welche neue Bepflanzung sich die Gartenbauarchitekten wieder ausgedacht hatten.

In Gedanken versunken betrachtete er die Autos, die an der Straße entlang des Zauns neben dem kleinen Stichweg zum Park standen.

„Du gehörst aber gewaschen", erklärte Erich Engel einem blauen Kombi.

Ein gelbes Cabrio kommentierte er grummelnd: „Kein Wunder, dass das Porto so steigt, wenn die Post die Briefe mit Cabrios ausfährt."

Bei einem Kastenwagen mit einer Delle in der Türe murmelte er: „Ein Werkstattbesuch würde dem auch guttun!"

„Unglaublich, was die Leute im Auto liegen lassen", wunderte er sich beim Blick in eine silberne Limousine. Dort waren ihm die roten Schuhe vor dem Beifahrersitz aufgefallen. „Frauen! Wechseln ihre Schuhe im Auto – und dann noch knallrote!" Die Frau würde er gerne mal sehen. Der Sitz war weit zurückgeschoben, wie für einen Fahrer mit langen Beinen. Die Schuhe sahen sehr klein aus, das war höchstens Größe 35. Konnte sich eine überlange Frau auf solchen Schühchen mit diesen Absätzen überhaupt halten?

Erich Engel schüttelte den Kopf und schwenkte in den Stichweg zum Park ein, den er langsam entlangging. Etwas Helles blitzte hinter dem Zaun aus dem Gebüsch hervor. Hatte dort jemand etwas versteckt oder unachtsam hineingeworfen?

Ein großer Mann, der ihm in feinem Zwirn und mit Krawatte joggend entgegenkam, lenkte ihn kurz ab. Erich ging näher an den Zaun heran und sah, dass das helle Etwas im Gebüsch eine blasse Frauenhand war, die aus den dunkelgrünen Blättern hervorragte. Er beugte sich vor und schob ein paar Zweige und Blätter zur Seite. Dann fuhr ihm kurz der Schreck in die Glieder, denn auf dem Boden entdeckte er eine leblose Frau. Ihm fiel direkt auf, dass sie keine Schuhe trug, neben ihr lag eine rote Tasche auf dem Boden.

Erich holte sein Handy aus der Jackentasche und rief die Polizei an.

Während er wartete, ging er den Stichweg bis zur Straße zurück. Als er diese erreichte, startete gerade die silberne Limousine. Erich stutzte, denn es fiel ihm plötzlich wie Schuppen von den Augen. Rasch merkte er sich das Kennzeichen des wegfahrenden Autos.

In der Befragung durch die Polizei, die wenig später eintraf, erklärte er: „Ich bin mir sicher, der Fahrer der silbernen Limousine ist der Täter.“ Er diktierte dem Beamten das Autokennzeichen.

WIE KAM ERICH ENGEL AUF DIE IDEE?

LÖSUNG

Erich Engel fand keine Schuhe an der Leiche und in der Nähe des Tatorts, aber vor dem Beifahrersitz der Limousine lagen rote Schuhe, die zur roten Handtasche der Toten passten. Der Fahrer war der Mann im feinen Zwirn. Er gestand später die Tat. Die Tote war seine Schwester. Im Auto kam es zwischen den beiden zum Streit wegen des Familienerbes. Im Affekt hatte er seine Schwester erwürgt und sie im Gebüsch abgelegt. Die Schuhe waren ihr im Auto von den Füßen gefallen, als er den Beifahrersitz nach hinten schob und sie hinaus ins Freie zog.

TOD IM WALD

Mit mehr als dreißig Menschen saß Hans Kossatz in dem Reisebus, der sie zurück in die Stadt brachte. Im Anhänger wurden ca. zwanzig kleine Tannenbäumchen festgezurrt, bevor es wieder nach Hause ging.

Auch Hans Kossatz freute sich über seinen kleinen Weihnachtsbaum und über die Aktion des Familienbundes. Der Verein hatte die Fahrt zum Waldweihnachtsmarkt organisiert. Dort gab es Markstände und Buden mit Glühwein, Bratwurst und anderen Leckereien. Vom Platz mit den Buden ging es in eine Schonung, in der sich jeder seinen eigenen Weihnachtsbaum schlagen konnte.

Da er kein Auto hatte, hätte er das sonst nie bewerkstelligen können. Seine Freude mischte sich mit der Wirkung des Glühweins, den er sich nach dem mühseligen Schlagen des Baums auf dem kleinen Waldweihnachtsmarkt gegönnt hatte.

Er hoffte, dass die Rückfahrt ruhiger werden würde als die Hinfahrt, auf der sich drei Männer neben ihm lautstark angekeift hatten. Ein dicker Brillenträger in einem beige-braunen Norwegerpulli und ein Halbwüchsiger mit Glatze beschimpften einen Mann mit Zopf. Warum, das hatte Hans Kossatz nicht verstanden, obwohl er nicht anders konnte, als den lautstarken Wortwechsel mitanzuhören.

Selbst in der Schonung gab es keine Ruhe. Hier suchten unzählige Weihnachtshungrige aus der Stadt ihre Weihnachtsbäume aus. Die Auswahl war riesig, doch der Brillenträger und der Bezopfte wollten ausgerechnet dieselbe Tanne schlagen.

„Mein Mann fehlt noch", drang plötzlich die schrille Stimme der blonden Frau des Bezopften durch den Reisebus.

„Der ist bestimmt noch nicht fertig", höhnte der junge Glatzkopf. Die Frau des Brillenträgers verzog ihr Gesicht zu einem künstlichen Lächeln.

„Was habt ihr mit meinem Mann gemacht?" Mit zusammengekniffenen Augen sah die Blonde den molligen Brillenträger und den Halbstarken an.

Hans Kossatz überlegte, ob er einschreiten sollte. Er betrachtete den Dicken, dessen Pullover deutliche Spuren von der Waldarbeit zeigte, und den Glatzkopf, dem er nicht im Dunkeln begegnen wollte. Er öffnete den Mund, um vorzuschlagen, den Bezopften zu suchen, da erschien eine junge Frau kreidebleich in der Tür des Reisebusses. „Da liegt einer, voll mit Blut!"

Sofort sprang die Blonde aus dem Wagen. Hans Kossatz folgte ihr. Nicht weit entfernt lag der Bezopfte und starrte sie an. Eine blutverschmierte Axt lag neben ihm.

Als Hans sich über ihn beugte, um seine Augen zu schließen, fielen ihm die beige-braunen Wollfäden in der geballten Faust des Toten auf.

WELCHER VERDACHT KEIMTE IN IHM AUF?

LÖSUNG

Hans Kossatz hatte den Verdacht, dass der dicke Mann mit Brille im beige-braunen Norwegerpulli, der sich ohnehin ständig mit dem Opfer gestritten hatte, der Täter war. Das stellte sich als zutreffend heraus. Er wollte damit einen Konkurrenten ausschalten, der ihm einen Großkunden streitig gemacht hatte.

MÖRDERISCHE KLETTERTOUR

Der junge Mann, der die erste Kindergruppe am Vormittag im Kletterpark empfing und sich als Rezzo vorstellte, kam Sabine Heinevetter bekannt vor. Noch am Vorabend hatte er sich lautstark auf dem Dorfplatz mit einer dunkelblonden Frau gestritten.

Sie machte sich auf den Weg zum Ende des Parcours, während ihre Kolleginnen die Kinder von Station zu Station begleiteten. Sie sollte die Kinder am Ziel in Empfang nehmen.

Eine rote Jacke zwischen den Bäumen weckte Sabines Aufmerksamkeit. War eines der Kinder so schnell geklettert und bereits kurz vor dem Ziel? Sie ging näher heran und erkannte, dass es sich um die rote Jacke einer dunkelblonden Frau handelte, die an einem Seil baumelte.

„Haben Sie sich verfangen?“, rief Sabine. Als sie näherkam, stellte sie jedoch fest, dass das Seil um den Hals der Frau geschlungen war und diese leblos hin- und herbaumelte. Erschrocken erkannte Sabine die dunkelblonde Frau vom Vorabend.

Wie mochte die Frau von ihrem Streit mit diesem Rezzo über Nacht hierhin gekommen sein?, fragte sie sich, während sie die Polizei rief. Der Kletterpark wurde bereits am späten Nachmittag um 17 Uhr geschlossen, das wusste Sabine durch ihre Vorbereitungen für den Ausflug der Kindergruppe genau.

„Das ist Sonja, unsere Team-Managerin“, erklärte der Parkleiter, als die Polizei eingetroffen war und sich alle vor dem Kassenhäuschen versammelt hatten. Der unstete Blick, mit dem er Rezzo bedachte, irritierte Sabine, ebenso Rezzos Tränen, als dieser rief: „Du warst das. Du dachtest von Anfang an, dass sie mich verlassen und zu dir zurückkehren wollte.“

„Sie waren mit der Toten liiert?“, fragte die Kommissarin den Parkleiter. Auch Sabine Heinevetter war überrascht, der Parkleiter wirkte nicht wie ein trauernder Hinterbliebener.

„Wir waren schon lange nicht mehr zusammen“, antwortete der Mann, „und du musst gerade reden, du hast doch gestern Abend mit ihr gestritten, das hat sie mir danach erzählt“, fuhr er Rezzo an.

Sabine Heinevetter war nach diesem Streit klar, wer der Täter war.

WEN VERDÄCHTIGTE SABINE?

LÖSUNG

Sabine Heinevetter fiel auf, dass der Parkleiter zum einen nicht überrascht oder betroffen wirkte von dem Tod der Frau. Zum anderen konnte er von Rezzos Streit mit der Verstorbenen am Vorabend nur persönlich wissen. Er musste der Letzte gewesen sein, der sie gesehen hatte, und war wohl enger mit ihr in Kontakt, als er behauptete. Auf der Polizeiwache gestand er die Tat:

Als er Sonja am Abend aufgelöst im Büro bei der Monatsabrechnung traf – sie erledigte solche Aufgaben gerne, nachdem der Kletterpark geschlossen war, da sie sich dann besser konzentrieren konnte –, gestand er ihr seine immerwährende Liebe. Da sie seine Gefühle nicht erwiderte, erwürgte er sie im Affekt und hängte sie im Kletterpark auf, um die Tat wie einen Unfall aussehen zu lassen.

MÖRDERISCHE STADTRUNDFAHRT

Joseph Rheinberger genoss das leise Stimmengemurmel in dem Bus. Er war froh, dass er sich endlich für eine Stadtrundfahrt durch Münster entschieden hatte. Nach der Besichtigung des Ratssaals und dem Spaziergang rund um den Prinzipalmarkt waren sie nun auf dem Weg zum Mittagessen.

Als sie vor dem Restaurant ausstiegen, schrie eine Frau im Bus auf: „Hilfe, schnell, mein Mann!"

Joseph Rheinberger sah sich um. Ein Mann hing mit blauen Lippen in seinem Sitz, neben ihm seine aufgebrachte Ehefrau.

„Ich war Ärztin, lassen Sie mich durch", sagte eine Frau und schob die anderen Mitfahrenden beiseite. An ihrem Kopfschütteln konnte Joseph Rheinberger ablesen, dass dem Mann nicht mehr zu helfen war.

„Was hat er denn heute gegessen oder getrunken?", wollte sie wissen.

Joseph Rheinberger horchte auf. Er dachte an den Willkommensschnaps, den sie vor dem historischen Rathaus bekommen hatten. Dem Toten hatte die Frau, die sich gerade als ehemalige Ärztin ausgegeben hatte, ein Glas Wasser gereicht, weil er trockener Alkoholiker war.

Zwei besonders unangenehme Mitglieder der Tour kamen Joseph Rheinberger in den Sinn. Sie waren bereits während des Vortrags im Rathaus und auf der Fahrt durch Spott und Häme aufgefallen. Als der nun Verstorbene sich zu seiner Alkoholkrankheit bekannte, hatten die Männer immer wieder höhnisch gelacht.

„Er hat heute ganz normal gefrühstückt, ein Müsli und einen Apfel", berichtete die Witwe.

Plötzlich erinnerte Joseph Rheinberger sich an etwas anderes, das er während der Fahrt aufgeschnappt hatte. Er beschloss auszusteigen, vielleicht brachten ihn die Gespräche der anderen Teilnehmer auf die richtige Fährte.

„Das geschieht dem recht", sagte einer der Männer, die über das Sonderglas gespottet hatten. „Wenn ich denke, wie der die OP meiner Frau verpfuscht und dann alles auf seine Kollegin geschoben hat, die ihren Beruf aufgeben musste!" Jetzt fiel es Joseph Rheinberger ein: Der Tote war ein Chirurg, bei dem ein Skandal den nächsten jagte.

Inzwischen standen alle Gäste der Stadtrundfahrt vor dem Bus und warteten auf die Polizei. Als Joseph Rheinberger die Mitreisenden ansah, keimte in ihm ein Verdacht auf, der sich in späteren Verhören bewahrheiten sollte.

WELCHEN VERDACHT HATTE JOSEPH RHEINBERGER?

LÖSUNG

Joseph Rheinberger verdächtigte die Frau, die sich als Ärztin ausgab. Er vermutete, dass sie die Kollegin war, auf die der Tote seinen Pfusch geschoben hatte. Auf die Idee kam er, weil er sich erinnerte, dass sie sagte: „Ich war Ärztin.“ Wäre sie immer noch als Ärztin tätig, hätte sie gesagt: „Ich bin Ärztin.“ Wie sich später herausstellte, hatte sie das Wasser, das sie ihm gereicht hat, mit Gift versetzt.

KARTOFFELGRAB

Amüsiert betrachtete Franziska Stoecklin, wie sich die Besucher des Kartoffelfestes mal weniger, mal mehr auffällig dem Kartoffelhänger auf dem Festplatz näherten. Die Attraktion des Events waren die verschenkten Kartoffeln. Jeder durfte so viele Kartoffeln mitnehmen, wie er tragen konnte. Es waren keine Hilfsmittel wie Taschen oder Tüten erlaubt, nur der Transport in den Kleidungsstücken, die man am Leib hatte. Die Damen des Ortes hatten vor Jahren eine clevere Idee. Sie gingen mit einer Grillschürze zum Hänger, fassten diese an der rechten und linken Ecke unten an und ließen sich in die Schürze Kartoffeln werfen. Und da in zwei Schürzen mehr hineinpasste als in eine, wurden auch die Männer der Frauen einbezogen und mit einer Schürze versehen.

Manchem Mann sah Franziska die mangelnde Begeisterung deutlich an. Einige Frauen folgten ihren Männern bis zum Anhänger und feuerten die zwei jungen Burschen an, die die Kartoffeln von oben herunterschaufelten.

Der Schrei, der nun ertönte, klang allerdings ganz und gar nicht nach Anfeuern. Er ließ alle erstarren.

Franziska, die gerade mit ihrer Schürze den Anhänger erreicht hatte, suchte direkt nach der Ursache der Aufregung.

„Ein Toter!“, rief sie. „Eine Leiche auf dem Kartoffelfest. Es ist Harry Betz“, murmelte sie Sekunden später in ihr Mobiltelefon, nachdem sie die 110 gewählt hatte.

Der Name ließ die Menge aufstöhnen.

„Am besten sucht ihr euch alle einen Platz und wartet, die Polizei kommt gleich“, erklärte Franziska. „Sie hat darum gebeten, dass sie mit jedem sprechen möchte, der in der Nähe war, als Harry gefunden wurde.“

Die Festbesucher nahmen auf den Bierbänken Platz, auch wenn ihnen der Appetit auf Bier und Kartoffelspeisen vergangen war.

Franziska Stoecklin ließ sich auf den Hänger ziehen. Sie betrachtete den Toten genauer. Von Blut keine Spur. Sein Gesicht wirkte merkwürdig, irgendwie bläulich. Sie wandte sich an die beiden Männer.

„Wann habt ihr den Hänger beladen?“, wollte sie wissen.

„Wir schaufeln nur. Für das Beladen ist der Karl, unser Chef, zuständig“, antwortete einer der beiden Männer schnell.

Zu schnell, fand Franziska. Sie betrachtete einen der Männer genauer. „Du bist doch Hugo, oder?“ Der Mann nickte. Franziska erinnerte sich an das Gerücht, dass Harry Betz ein Faible für blonde Frauen wie Hugos Gattin hatte. Ein Ehering, so sagte man, hatte ihn noch nie gestört.

„Sind alle Kartoffeln verteilt?“, riss eine tiefe Stimme Franziska aus ihren Gedanken. Sie blickte verwundert auf. Wer konnte in dieser Situation eine solche Frage stellen?

Sie sah Karl Wolfskehl, den Kartoffelbauern, mit seiner jungen Frau, deren blonde Stellen ihren ansonsten dunkelbraunen Haaren einen besonderen Kick gab.

Erstaunlich, wie blass dunkle Haare ein Gesicht wirken lassen, dachte Franziska gerade, da sackte die Frau zusammen. Franziska fing sie auf. Als sie von oben auf ihren Kopf blickte, beschlich sie ein Verdacht, den sie der Polizistin mitteilte, als diese eintraf.

WELCHEN VERDACHT HATTE FRANZISKA STOECKLIN?

LÖSUNG

Franziska Stoecklin fand es schon merkwürdig, dass der Kartoffelbauer Karl Wolfskehl als Einziger nichts von dem Toten mitbekommen hatte. Als sie den blonden Haaransatz seiner Frau sah, die zudem angesichts des toten Harry Betz ohnmächtig wurde, verdächtigte sie den Bauern. Zu Recht, wie sich später herausstellte. Denn vor Kurzem hatte er herausgefunden, dass seine Frau eine Affäre mit dem Toten hatte und ihn für ihren Liebhaber verlassen wollte. Als Harry Betz zufällig auf seinem Hof auftauchte, um einen Sack Kartoffeln zu kaufen, erwürgte er ihn im Streit und versteckte die Leiche in aller Eile zwischen den Kartoffeln.

EIN SKANDAL JAGT DEN NÄCHSTEN

FAHRERFLUCHT UND ZERSTÖRUNGSWUT

FAHRERFLUCHT

„Du kannst doch nicht mit der orange-farbenen Einkaufstasche vom ‚Schuhhaus Märtemeier' in das nächste Schuhgeschäft gehen, Helene!" Dora Gerson redete unermüdlich auf ihre Freundin ein. Dabei schwenkte sie selbst eine weiße Papiertragetasche mit der Aufschrift „Boutique für Ihre Füße". Allerdings, das musste Helene zugeben, war das Orange ihrer Tüte sehr knallig und auffällig.

„Es hat niemand etwas gesagt, oder?", verteidigte sie sich und blieb neben ihrem Auto stehen.

Helene wollte gerade ihre Tragetaschen im Kofferraum ihres Autos verstauen, als sie die eingedrückte Stelle direkt neben dem rechten Rücklicht bemerkte.

„Jemand hat mein Auto angefahren!", rief sie und lief hektisch über den Parkplatz, als könnte sie so den Fahrer finden.

„Beruhige dich", bat Dora und stellte ihre und die Tasche ihrer Freundin in den weit offenstehenden Kofferraum. „Wir melden das der Polizei, die wird den Fahrer schon finden."

Während Dora die Polizei anrief, sprach Helene jeden in der Nähe des Parkplatzes an. Niemand hatte etwas gesehen.

„Überleg mal, welche Autos neben uns standen, als wir angekommen sind“, schlug Dora vor. „Wir waren nicht lange weg, nur in den drei Schuhläden.“

„Ich guck mir doch nicht die anderen Fahrzeuge an, wenn ich einparke!“ Helene schüttelte den Kopf. „Ich bin froh, wenn ich gut in die ohnehin viel zu engen Lücken komme.“

„Naja!“ Dora lag es auf der Zunge, dass das mit dem Einparken trotzdem nicht klappte. Das brachte jetzt aber nichts. „Als ich ausgestiegen bin, musste ich die Tür festhalten, weil ein orange-farbenes Lieferfahrzeug so dicht und dazu noch schräg in der Lücke parkte“, fiel ihr ein. „Ich wollte dich schon bitten, zurückzufahren und mich rauszulassen. Das war wirklich eng.“

Dora warf einen Blick auf Helenes Tragetasche im Kofferraum. „Ich habe da eine Idee“, sagte sie.

WELCHE IDEE HATTE DORA GERSON?

LÖSUNG

Dora war aufgefallen, dass Helenes orange Tragetasche denselben Farbton hatte wie das Auto, das neben ihnen parkte, als sie auf den Parkplatz kamen. Vielleicht hatte ein Lieferfahrzeug des Schuhhändlers Helenes Auto beschädigt. Ein Parkkünstler schien der Fahrer nicht zu sein, so schräg wie das Auto abgestellt war. Tatsächlich stellte sich heraus, dass Helenes Auto von einem Praktikanten, der schnell Ware ausliefern sollte, angefahren wurde.

DER KREUZWORTRÄTSEL-MEUCHLER

Jeden Morgen ging Adelheid Reinbold in das kleine Café der Buchhandlung, um in Ruhe die Zeitung zu lesen und das Kreuzworträtsel unter dem Comic auf der Freizeitseite zu lösen.

Seit zwei Wochen war das Rätsel immer schon gelöst, wenn sie die Zeitung aus dem Regal nahm.

Als Adelheid an diesem Dienstag das Café betrat, saßen dort ein älterer Junge, der missmutig sein Mathebuch anstarrte, und die beiden Stammgäste, die beinahe so oft wie Adelheid das Café besuchten: eine Frau, die immer mit düsterem Blick in ihre Tasse blickte, und ein älterer Mann, der meistens die Zeitschrift „Jagd & Hund“ las.

„Wie immer?“ Während die Bedienung den Cappuccino für Adelheid zubereitete, rief sie dem Jungen zu: „Du musst jetzt gehen!“ An Adelheid gewandt erklärte sie: „Mein Sohn hat seit zwei Wochen erst zur dritten Stunde Schule und wartet hier. Er liest dann immer Comics. Heute schreibt er eine Mathearbeit, vor der er Angst hat. Deshalb ist er auch so schlecht gelaunt.“

Doch Adelheid suchte bereits das Kreuzworträtsel in der Zeitung. Heute standen dort nur einzelne Buchstaben, der Rest war wild durchgestrichen. Bei Adelheid machte sich Missmut breit. „Dass das Kreuzworträtsel seit zwei Wochen immer schon gelöst ist, ist ja eine Sache“, brütete sie vor sich hin. „Aber dass es so verschmiert ist, dass niemand mehr Freude daran haben kann, geht zu weit!“

Das Café hatte gerade erst geöffnet, also konnten nur der ältere Mann oder die griesgrämige Frau die Kritzler sein. Adelheid wollte es jetzt genau wissen.

Sie kramte eine Glückwunschkarte aus der Tasche, die eigentlich ihre Mutter bekommen sollte. Mit der Karte ging sie zu den beiden Gästen und sagte: „Die Bedienung hat morgen Geburtstag, würden Sie als Stammgäste auch unterschreiben?“

Die beiden sahen sic zwar verwundert an, schrieben aber ihre Namen auf die Karte.

Adelheid glich die Buchstaben mit denen aus dem Kreuzworträtsel ab. Keine Übereinstimmung. Da erinnerte sie sich an das, was die Bedienung gesagt hatte.

WAS WAR ADELHEID REINBOLD EINGEFALLEN?

LÖSUNG

Adelheid war eingefallen, dass die Bedienung berichtet hatte, dass ihr Sohn seit zwei Wochen im Café auf den Schulbeginn wartete und anscheinend wenig Freude an Mathe hatte. Es stellte sich heraus, dass der Junge morgens immer den Comic auf der Freizeitseite las und danach das Kreuzworträtsel löste. An diesem Tag war er schlecht gelaunt und hatte aus Angst vor der Mathearbeit das Rätsel nicht geschafft und aus Frust wild durchgestrichen.

IMMOBILIENSKANDAL

Edith Meinhard saß in dem gemütlichen Café am Marktplatz des kleinen Städtchens, in das sie umziehen wollte, wenn das mit der Wohnung klappen sollte.

Während sie der Musik des vorbeiziehenden Jugendspielmannszuges lauschte, dachte sie über die Wohnung nach, die sie sich mittags angesehen hatte. Ein Traum – drei Zimmer, Balkon, wunderbare Küche, alles neu renoviert.

„Mitten in der Stadt, ein Traum!", hörte sie hinter sich eine Frauenstimme sagen und lachte. Genau das hatte sie gerade auch gedacht.

„Ach, die Wohnung ist doch längst weg, sicher an jemanden aus dem Bekanntenkreis des Vermieters", sagte ein Mann.

Edith Meinhard blickte sich um. Sprachen die Leute etwa von der Wohnung, mit der sie liebäugelte? Da erklang vom Platz her ein lautes Stöhnen.

Menschen schrien und liefen weg, die Musik geriet aus dem Takt. Ein Mann lag auf dem Boden.

Edith Meinhard sah, dass ein Messer in seinem Rücken steckte. Sie schluckte. Wenn solch brutale Angriffe in dieser hübschen Kleinstadt geschahen, sollte sie sich das mit dem Umzug überlegen.

„Das ist doch Rudolf“, flüsterte jemand neben ihr. „Wollte der nicht in Ihre obere Wohnung einziehen, Herr Jensen?“

Edith Meinhard erkannte einen der Bewohner und den Vermieter des Hauses, das sie mittags besucht hatte. Der Vermieter hat einen starken Akzent gehabt, den Edith nach Skandinavien verortete. Wäre jetzt eine gute Gelegenheit zu fragen, ob er bereits eine Entscheidung getroffen hatte?

Wieder hörte sie das Stöhnen vom Platz und schalt sich für ihren Egoismus. Schließlich war sie Krankenschwester und hatte in solchen Situationen ihre Pflicht zu erledigen. Sie sah, dass bereits eine Ersthelferin bei dem Mann kniete und versuchte, die Blutung zu stoppen.

„Ich bin Krankenschwester“, erklärte sie der Ersthelferin. Doch die schien alles unter Kontrolle zu haben. Edith blickte auf die hochgerutschte Jacke des Mannes und sah, dass aus der Hosentasche Papiere herausragten.

Sie zog unbemerkt die Papiere aus der Tasche. „Wenn du nicht spurst, kommt alles raus. Das wird ein Skandal!“, las sie in dem Brief, an den ein Zeitungsartikel geheftet war, in welchem über den Immobilienskandal eines Dänen im Münsterland berichtet wurde.

Sie blickte auf und sah, dass alle Augen auf sie gerichtet waren. Fast alle Augen. Ein Augenpaar starrte auf den Zeitungsartikel und als sie ihn daraufhin erneut las, wurde ihr alles klar.

WEN VERDÄCHTIGTE EDITH MEINHARD?

LÖSUNG

Es waren die Augen des Vermieters Evald Jensen, die auf den Zeitungsartikel gerichtet waren. Edith Meinhard fiel ein, dass er sein gebrochenes Deutsch damit entschuldigt hatte, dass er in Dänemark aufgewachsen war. Er hatte ihr außerdem eine vergleichbare Wohnung im Münsterland angeboten, falls sie nicht örtlich gebunden war. Es stellte sich heraus, dass sie recht hatte mit ihrem Verdacht. Bei Herrn Jensen handelte es sich um den Immobilienmakler aus dem Artikel, der sich einen Erpresser vom Hals schaffen wollte.

ZERSTÖRTE OSTEREIER

Henriette und Carl Voigt tranken noch schnell einen Tee im Café am Markt. Ihr Stand auf dem Ostermarkt wartete auf sie. Die mit feinen Wachsfäden verzierten Ostereier hatten sie vor zwei Stunden hübsch auf einem Tisch angerichtet und bis zum Start des Marktes mit schwarzem Samt abgedeckt.

Auf dem Weg zurück zu ihrem Stand betrachteten sie die Waren der anderen Händler. „Guck mal, die sehen fast so aus wie unsere." Henriette stieß ihren Mann in die Seite.

„Die Dekoration stammt aus China und ist ganz neu auf dem Markt", erklärte eine junge Frau und wedelte mit einem Ei, von dem rote Kunststofffäden hingen, vor ihren Gesichtern herum.

„Wenn das so weitergeht, wird das unser letzter Markt", murmelte Carl.

„Ich finde ja, dass eine solche Massenproduktion aus China nichts auf diesem Markt zu suchen hat", mischte sich die Standnachbarin ein, die gerade an ihren Stand zurückgekehrt und etwas außer Atem war. Ihre Auslage war ebenfalls noch mit Samt verhüllt. Sie war damit beschäftigt, sich die Hände an ihrer Hose abzuwischen.

Henriette zog ihren Mann weiter. „Diese Frau hat schon im letzten Jahr versucht, uns Kunden wegzunehmen. Weißt du noch, sie hat Wollfäden auf Eier geklebt und die gleichen Motive verwendet wie wir.“

„Jetzt warten wir erst einmal ab“, versuchte Carl seine Frau zu beruhigen. „Aber schon komisch, dass sie ihre Ware noch abgedeckt hat. Der Markt wird doch gleich eröffnet.“

Die Ruhe behielt er jedoch nur, bis sie ihren Stand erreichten.

„Das gibt’s nicht!“ Fassungslos stand er vor dem Tisch, auf dem er am Morgen die mühsam mit Wachsstreifen bezogenen Eier aufgebaut hatte. Ihre kleinen Kunstwerke waren allesamt zerstört. Es sah aus, als wären die Eier mutwillig zerdrückt worden.

„Das war sicher diese junge Frau“, schimpfte Henriette und wollte sofort loslaufen, um sich zu beschweren und am liebsten zu rächen.

Carl hielt sie zurück und bat sie: „Denk mal genau nach!“

WAS WAR CARL AUFGEFALLEN?

Lösung

Carl war aufgefallen, dass die junge Frau ihre Eier mit den Kunststofffäden aus China offen gezeigt hatte. Die Verkäuferin, die schon im Jahr zuvor Henriettes Eier imitiert hatte, versteckte hingegen ihre Ware unter einer Samtdecke. Sie war außerdem gerade erst an ihren Stand zurückgekehrt und es schien etwas an ihren Händen zu kleben. Als Henriette zu dem Tisch dieser Händlerin ging und die Decke von der Ware zog, stellte sie fest, dass sich darunter tatsächlich Ostereier mit Baumwollfäden verbargen.

ÜBER DIE AUTORIN

Dr. Birgit Ebbert ist im Münsterland nahe der holländischen Grenze aufgewachsen. Nach ihrem Abitur in ihrer Heimatstadt Borken hat sie in Münster und Bonn studiert und ist nach ihrem Abschluss als Diplom-Pädagogin für zehn Jahre nach Stuttgart gezogen. Heute lebt sie als freie Autorin im Ruhrgebiet und schreibt Geschichten, Bücher und Materialien für Kinder, Jugendliche und Erwachsene. Viele ihrer Bücher sind Kriminalgeschichten für Groß und Klein, zu denen sie an ihrem Wohnort Hagen sogar spezielle Mordstouren anbietet. Dabei ist ihr vor allem wichtig, dass die Leserinnen und Leser miträtseln können, wer die Tat begangen hat.